Patterns of Perfection

To Nicholas
in friendship and affection
Philip   31-X-2007

M. D. XXXX.

Fra Bernardino Ochino da Siena

from a woodcut of 1540 - see page vi

Patterns of Perfection

Seven Sermons preached in Patria by

Bernardino Ochino

1487-1564

edited and introduced by

Philip McNair

MA DPhil (Oxon), PhD (Cantab)
Emeritus Fellow and some time Dean of Darwin College,
Cambridge, formerly Serena Professor of Italian in
the University of Birmingham

Anastasia Press
Cambridge

Published by Anastasia Press, Cambridge, UK, 1999

© Philip McNair 1999

Camera-ready copy prepared by the Editor, photographed and bound
by University Printing Services, University Press, Cambridge

Copies available from the Editor-Publisher, Professor Philip McNair,
213 Huntingdon Road, Cambridge CB3 0DL, UK

UK price £6.00 (counter)
£7.50 (sent by post)

USA price $12.00
(packing and postage included)

ISBN 0 9536396 0 6

Contents

For May, Pippa and Katie

'Si tanta Deus nobis præparavit in carcere,
quid fiet in palatio?'   St Anonymous

Illustrations

The rare woodcut of Ochino on the front cover of this book is taken
from his *Dialogi Sette* (Venice 1540), the only known exemplar of
which is preserved in the Guicciardini Collection of the Biblioteca
Nazionale Centrale in Florence, whereas the (different) woodcut
used here as frontispiece is reproduced from his *Dialogi Quattro*
(Venice 1540), the only known exemplar of which is kept in the
Newberry Library in Chicago, Illinois, USA. These two woodcuts
are the earliest known portraits of the Sienese Capuchin in existence.
Photograph on back cover by May McNair (Venice, October 1997).

Acknowledgements

To Oxford University Press, for permission to quote from my *Peter
Martyr in Italy: An Anatomy of Apostasy* (Oxford 1967); to the
Very Reverend Professor Henry Chadwick, KBE, DD, FBA, the
Reverend Professor Owen Chadwick, OM, KBE, DD, FBA,
Professor Peter Dronke, FBA, and Professor Sir Geoffrey Lloyd,
FBA, Master of Darwin College, Cambridge, for their invaluable
help in suggesting classical and patristic references.

vi

Preface

This edition has been a long time in the making. It was originally intended to form part of a volume devoted to Bernardino Ochino's pre-exilic dialogues and sermons in the *Corpus Reformatorum Italicorum*, but when Professor John A. Tedeschi and others told me that the *Corpus* had collapsed in the 1970s (owing - it was said - to the failure of the Italian publisher), the work of editing these seven sermons went into abeyance for more than quarter of a century. Now I have decided to resurrect it and publish them myself.

Hitherto the first six sermons have not been published in their entirety since Bernardino de Viano's Venice edition of 1541, which sank without trace until in 1962 I discovered a unique exemplar in the library of the British Museum; but parts of *Predica Quinta* have twice appeared elsewhere. Late in the 1960s I lent my typescript of all seven sermons to Dr Rita Belladonna (then of Cambridge, now of York University, Ontario), who in her brief but valuable article entitled 'Alcune osservazioni intorno al sunto di una predica sconosciuta di Bernardino Ochino' in *Critica Storica* 14.1 (1977) reproduced 97 words of the second part of it in a footnote (page 151). In 1993, Professor Emidio Campi of the University of Zurich asked me for a copy of my typescript, and with my agreement printed the whole of the first part of the fifth sermon in his *Michelangelo e Vittoria Colonna: un dialogo artistico-teologico ispirato da Bernardino Ochino* (Turin 1994) 81-6.

Much of the interest in these sermons springs from the fact that they were transcribed and published without the preacher's knowledge, hence it is to be presumed that we have them without any authorial emendation and approximately in the form in which they were delivered. They have not been dressed up for presentation to the public, nor have their references been checked for accuracy. Perhaps that is why the classical and patristic quotations occasionally cause some headaches. The Plato reminiscence on page 52 is at least problematic, and notwithstanding their seemingly authentic flavour, two of the three alleged dicta of St Augustine are not to be found in his works, nor indeed anywhere in the wide corpus of Migne's *Patrologia Latina*; but the quotations from St Gregory reproduce his *ipsissima verba*.

This is not a diplomatic edition. In accordance with standard practice, and following the lead of Giuseppe Paladino in his highly-prized Laterza edition of Ochino's later sermons in *Opuscoli e lettere di Riformatori Italiani del Cinquecento*, 1 (Bari 1913) 117-280, I have modernised the orthography of 1541 to the extent of writing 'Cristo' instead of 'Christo', 'ora' instead of 'hora', etc. But most of the inconsistencies of usage in Viano's 1541 edition I have preserved - for instance in one paragraph of the first part of *Predica Quinta* (on page 36) we find in close proximity both 'se ti dicesse' and 'se ti dicessi', and I have not conformed one to the other.

The editorial problem presented by the frequent interjections *Ahimé*, *Ehimé* and *Ohimé* and whether they should be followed invariably by an exclamation mark I cannot claim to have solved to my own satisfaction. As a rule of thumb I have placed a comma after them only when the sentence is comparatively brief and ends with an exclamation mark in any case. But I do not pretend to total consistency and uniformity of practice in this or in anything else.

P M J McN

Darwin College
Cambridge, England

8 September 1999
(Quincentenary of the birth of Peter Martyr Vermigli)

I n t r o d u c t i o n *

Bernardino Ochino was one of the half-dozen most ingenious thinkers of
the Protestant Reformation - mercurial, provocative, and wilfully scandalous
when he played the Devil's Advocate; but he remained an intrepid disciple of
Christ throughout his long and eventful life in both Reformed and unreformed
camps, and died, as he had lived, true to his tormented conscience. Gifted with
unusual eloquence, he led many of his compatriots to faith in Jesus through the
power of his preaching before his flight from Italy and the Roman Obedience
in 1542. He was indeed the most effective evangelist in the Catholic Church of
his day, and such was his popularity that the Pope himself was obliged to
arbitrate between the demands of rival cities and monitor his programme.

Ochino was also a prolific polemicist and pamphleteer, and it is only the
passing (and possibly mistaken) description of himself as 'infermo et di 76
anni' in his last known *apologia* - written after his eviction from Zurich in
November 1563 because of his notorious *Dialogus de Polygamia* - that has
fixed the traditional year of his birth as 1487.[1] But of the place of his birth
there is no doubt: like St Catherine herself, Bernardino Tommasini was born
and raised in Siena in the Contrada dell'Oca - hence his nickname 'Ochino' -
where his father, Domenico, was a comparatively prosperous barber.

When Ochino was born in Siena in 1487, Tuscany was enjoying the

---

* This Introduction draws (directly or indirectly) on some of my earlier writings on Ochino
during the last four decades, and on three of them in particular (1) *Peter Martyr in Italy: An
Anatomy of Apostasy* (Oxford 1967); (2) the article entitled 'New Light on Ochino' (to which
Professor John A. Tedeschi contributed the final page) in *Bibliothèque d'Humanisme et
Renaissance: Travaux et Documents* 35 (Geneva 1973) 289-301; and (3) 'Ochino's Apology:
Three Gods or Three Wives?' in *History* 50 (1975) 353-73.

cultural patronage of Lorenzo il Magnifico (1449-92); and one of the most influential institutions of that heyday of the Italian Renaissance was the Platonic Academy of Florence. It has been claimed that the speculative religious genius that informed it, and which inspired charismatic thinkers such as Marsilio Ficino and Giovanni Pico della Mirandola, was inherited by most of the Italian reformers of the succeeding generation, especially those born within reach of Florence in the decades before and after Lorenzo's death. 'However much they differed among themselves, they shared the urge to pose persistent and penetrating questions. That is why they became the plague of French, German and Swiss reformers when they were forced to flee from Italy after the resuscitation of the Roman Inquisition in 1542. For whatever the Protestant Reformation may have been north of the Alps, it was clearly seldom subtle; and by 1542 it had already become crystallised in the new orthodoxies which were exemplified by tidy-minded professors of pigeon-holed doctrine, more Aristotelian than Platonist in temper. With these severe and doctrinaire divines the Italian exiles mixed like oil with water. Wherever there was trouble, there was an Italian behind it. Whenever ideological deviation came to light, it was sure to be the work of an Italian. Wittenberg and Geneva were equally wary of them. Melanchthon frequently complained of their "Platonic and sceptical theories". Calvin deplored the speculative impulse, which "in Italis, propter rarum acumen, magis eminet". An early annalist of their exile declared that "the genius of the Italians led them to indulge in subtle and curious speculations, and this disposition was fostered by the study of the eclectic and sceptical philosophy to which many of them had of late years been addicted".'2

But while Ochino was in Italy, this speculative impulse in him remained more dormant than dominant. At Capriola outside Siena he joined the Franciscan Friars Observant at the age of eighteen, taking the name of his sainted compatriot, Bernardino da Massa Marittima (1380-1444), the most renowned mendicant preacher of his time. In these formative years Ochino proved himself to be an assiduous student of Scripture and the Schoolmen, acquired some knowledge of Hebrew, Greek and Latin, and had at least a nodding acquaintance with Plato and Aristotle; but it must be admitted that his scholarship never matched that of Juan de Valdés (c1498-1541) or Peter Martyr Vermigli (1499-1562).

After his novitiate, he studied medicine at the University of Perugia, where a fellow-student is said to have been Giulio de' Medici, who became Pope Clement VII (named by him in *Predica Quarta*, on page 23 of this book). Yet no papal patronage can account for his meteoric rise to prominence among the Franciscans, which was due rather to his personal qualities of eloquence, efficiency and integrity, married to a single-eyed ambition to save his soul by good works. For a man whose motto became 'Mi sarà facile tutto in Cristo' no self-denial was too dire or too unthinkable, for his dedication to the Franciscan ideal was absolute. We can well understand the ascendancy of such a friar: in 1524 he became Provincial of the recently-formed Province of Siena, and in 1532 he was elected Definitor General of the Order. But eminence among the Franciscans only served to deepen his sense of how far they had fallen from the self-abnegation of *il poverello d'Assisi*. In under two years from his election his growing dissatisfaction led him to quit their Casa Generalizia in January 1534 and throw in his lot with the newly-founded Order of Capuchins with the heartfelt cry: 'Signore, se hora non mi salvo, non so che farmi più'.

From the outset, Ochino became a Capuchin of the Capuchins, devoting himself to their austere life with out-and-out dedication and wholeness of heart; indeed he so moulded himself on their rigorous Constitution of 1529 that, within weeks of joining them, he drew notable attention to himself and his fledgeling Order when he preached from the Roman pulpit of S. Lorenzo in Damaso during Lent of 1534. His swelling audiences were galvanised by the fervour of his eloquence, and more percipient listeners recognised that his preaching was all founded 'sopra la dichiaratione de li Evangeli' and taught 'come se habbi da caminare per la via del paradiso'. It is known that the papal protonotary and martyr Pietro Carnesecchi (1508-67) heard him preach during this Lenten season,[3] and it may be conjectured that Valdés - still in Rome before he retired to Naples later that year - heard him then also.

During Lent of the following year Ochino again preached in S. Lorenzo with enhanced acclaim, but in the course of 1535 his loyalty to the Order of Capuchins was severely tested by his disagreement with Fra Ludovico da Fossombrone, its despotic founder. Dispirited, and a prey to doubt, he came near to despairing of his soul's salvation; but Pope Paul III, and the Order's self-appointed protectress, Vittoria Colonna, effectively - if unwittingly- came to his rescue. Through their good offices a Chapter General of the Capuchins was convened in Rome that November, when Fra Bernardino d'Asti replaced Fra Ludovico as Vicar General and Bernardino Ochino was elected Primo Definitore. Assisted by Ochino and Fra Giovanni da Fano, the new *supremo* undertook to revise the Constitution. The revision of 1536 that resulted from this undertaking is memorable for these prophetic words:

> [Preachers should not] predicar frasche, né novelle, poesie, istorie o altre vane, superflue, curiose, inutili, *immo* perniciose scienze; ma, ad esempio di Paolo apostolo, predichino Cristo crocifisso [...] non in sublimità di sermone e di eloquenza umana, ma in virtú di Spirito. [They should use Holy Scripture] *et precipue* il Nuovo Testamento, *sed maxime* il sacro Evangelio, acciocché essendo noi evangelici predicatori, facciamo *etiam* li populi evangelici. E lascino da canto tutte le vane ed inutili questioni e opinioni [...] ma ad esempio del santissimo precursore Giovan Baptista, dei sanctissimi Apostoli, ed altri santi predicatori, infocati del divino amore, *immo* ad esempio di esso nostro dolcissimo Salvatore, predichino: *Penitentiam agite, appropinquabit regnum cœlorum.* 4

Did these prescriptions mirror Ochino's outlook and spirituality when he

Introduction

set foot in Naples to preach the Lenten season of 1536 in the church of
S. Giovanni Maggiore? It would certainly appear so, and we can sense the
quandary in which he found himself as he approached that Passiontide. He
was by calling a herald of Christ's Gospel, and no one who knew him could
have doubted his unswerving dedication to that calling; but what was the
linchpin of the Gospel Christ would have him preach? Was salvation by
works of righteousness inspired by Christ's example, or were men saved by
the righteousness of Christ imputed to them *ex sola fide*? There, surely, was
the rub; there was the need for greater clarification. Was it not to save his
soul by works that, two years before, he had placed himself under the
discipline of this demanding Order of Capuchins? Yet in those intervening
months he may well have come to question whether the sum of his greatest
efforts could ever effect his soul's salvation. Was not salvation in Jesus
Himself, the 'most sweet Saviour'? But just how was that salvation effected in
the believer - by acceptable works or justifying faith, or by some combination
of them both (like the two blades of a pair of scissors)? It was in Naples in
1536 that Ochino came under the spell of the man who would open his eyes
and 'teach him the way of God more perfectly'.

Before Lent of that year we know nothing to suggest that the popular
preacher had ventured beyond the gospel of justifying works and the imitation
of Christ, but the terms of the revised Constitution of his Order certainly
pointed him forward in the direction of 'Evangelism': *essendo noi evangelici
predicatori, facciamo* etiam *li populi evangelici*. His preaching would still
uphold the exemplary life of Jesus of Nazareth in the Gospels, of course, but it
would henceforth be accompanied - and at times overshadowed - by the
Pauline emphasis on faith in Christ crucified. When at Naples in 1536 Ochino
learned from Valdés that *articulus stantis et cadentis ecclesiæ* which is the
doctrine of Justification *ex sola fide*, embraced it and began to preach it from
the pulpit, the distinctive brand of Evangelism in Italy was brought to birth.

xiii

Introduction

In my book, *Peter Martyr in Italy*, I have argued that Italian Evangelism was born of the impact of Ochino on Valdés and Valdés on Ochino during Lent of that year, and that the period of gestation had been long and hidden in them both.[5] If we follow most of the historians of the movement in Naples and reflect back the light that illuminated Valdés from 1536 until his death in 1541 to that less lucid period before 1536, we shall surely dislocate our perspective. A venerable tradition maintains that the Spaniard converted the Italian, and this is undoubtedly true - but it is only half the truth, for it is also evident that the Italian had a vital effect on the Spaniard. If we would arrive at the whole truth of this matter, we must establish a chronology of the events of 1536 that stands foursquare with the facts and is beyond question.

We may begin by asking what we actually know of the theological beliefs of either of these two *spirituali* before Juan de Valdés composed his *Alfabeto Christiano* after Lent of that year? Here I can do no better than quote from my earlier account. 'For Ochino we have the guidance of no dialogue or sermon before 1536, although we have seen that he was already groping towards the essentials of Evangelism when he came to Naples early in that year. For Valdés we have his *Diálogo de doctrina christiana* of 1529 and nothing else, but it is true that this shows him to be an advanced Erasmian. Before Lent of 1536, however, there is no evidence of a *religious* movement around him in Naples, although he was certainly the centre of a literary coterie. There is little in his *Diálogo de la lengua* to suggest the environment of Evangelism, nor in his letters to Cardinal Ercole Gonzaga. But on the other hand the testimony of Pietro Carnesecchi and Celio Secondo Curione (1503-69) confirms that he suffered some experience akin to religious conversion between 1534 and 1540, and circumstantial evidence would suggest that this experience can be dated early in 1536. It was the conversion of an Erasmian to Evangelism.

Introduction

'Ochino and Valdés both learned from each other. Valdés was undoubtedly the superior intelligence, and was further advanced in "Paulinism". Ochino, on the other hand, at this time lived the more devoted life with a much higher degree of unworldliness. Valdés owed to Ochino the inspiration of a dedicated purpose and the practice of the Gospels. Ochino owed to Valdés the Erasmian undermining of his regard for monasticism and external religion, and the positive contribution of the doctrine of Justification by Faith. There can be little doubt who taught this cardinal doctrine to whom. It is true that some authorities have ascribed the foundation of the "Evangelical Church" in Naples to Ochino, and some to Peter Martyr Vermigli; but the majority of them, and the most reliable, attribute the reforming impetus to Valdés. Even Josias Simler, Vermigli's friend and earliest biographer, admits that the "first praise of this Church is due vnto *Valdesius*".[6] Who taught the doctrine of Justification by Faith to Valdés is another question.

'If, as every authority agrees, the Lenten sermons of Ochino in Naples in 1536 were a milestone in the history of the Reformation in Italy, and since the sermons themselves are unrecorded, except in so far as they may have furnished the substance of others which were published later, we may well ask what primary evidence we possess about them.

'The historians of the Capuchin Order - such as Zaccaria Boverio, Bernardino Croli da Colpetrazzo, and Mario da Mercato Saraceno - wrote their accounts after Ochino's apostasy and were patently concerned to exonerate their Order from taint of heresy. They had embarrassing questions to answer. How was it that "quel cieco et sventurato del Siena", "quella bestia, piú presto uscita dell'inferno che da Frati de Zoccoli", "quella peste et maladetto apostata" could be elected to a second term as Vicar General within a year of his defection? They were tossed on the horns of a dilemma. If they contended that Ochino was already corrupted by heresy before he joined the

Introduction

Order in 1534, how was it that they elected him their Vicar General twice? If he was not yet infected before joining, did he become corrupted among the Capuchins? Little credit was reflected on the Order either way, but in general the historians preferred to contend that he had brought the infection with him from the Friars Observant in 1534. This meant reading back his published opinions of 1541 and 1542 into the previous decade; consequently their testimony is of little practical value in determining the character of Ochino's preaching in 1536.

'The historians of Naples - such as Castaldo, Miccio, and Rosso - have no such apologetic axe to grind, and are therefore more objective in their statements about Ochino. But they, too, wrote after his apostasy, and the knowledge of what he later became colours their objectivity. The result is that they tend to telescope their chronology, and write about the Lenten sermons of 1536 in the light of the Lenten sermons of 1540. Scipione Miccio is the clearest example of this.[7] At least three years separated Ochino's first preaching in Naples from Vermigli's exposition of First Corinthians there, but no one would gather this from his account, which amalgamates several years from 1536 to 1542 and does not mention the fact that Ochino preached more than one Quaresima in the city. It is obvious that Miccio has conflated the two Lenten seasons of 1536 and 1540.

'Antonino Castaldo does not confound the two Lenten seasons, and therefore his account is of greater value to us in determining the stages of Ochino's spiritual development. Recording "his new way of preaching the Gospel, not with philosophical disputes and curious arguments, as many had used until his time, but with spirit, force and admirable fervour", he says of Ochino:

This man preached in a very moral and edifying manner at Naples in the church of

S. Giovanni Maggiore in the year 1536, and although some things loosely said were remarked, nevertheless he defended himself in the pulpit in such a way that he scotched all scandal about himself and his doctrine.

And before continuing to recount the later Lenten season when Ochino preached in the Cathedral, Castaldo adds the significant words: "He left some followers in Naples who were later called 'Spiritati' because of the change in their lives." [8]

'Gregorio Rosso tells us that the Emperor Charles V - who was in Naples at this time - delighted to hear the sermons of Ochino, who preached "with spirit and great devotion which made the stones weep".[9] There is no hint of deviation from Catholic orthodoxy in his account of the Lenten season of 1536. But as might be expected, Antonio Caracciolo, the historian of Carafa, Gaetano, and the Theatine Order, alleges that the Theatines detected the incipient heresy in the Capuchin, who in 1536 "began to vomit up some heretical propositions" in Naples; but because of his austere life and his outcry against vice, Ochino succeeded in covering up the poison with foxy cunning so that few people were able to recognize it.[10]

'All these historians wrote in the knowledge of what Ochino later became, and most (as we have seen) allowed this knowledge to colour their history or confuse the events of 1536 with those of 1540. But it is important to avoid this confusion, into which even Benedetto Croce fell.[11] Is there no purely contemporary evidence of the effect of Ochino's preaching in Naples in 1536?

'Valdés himself makes only a passing reference to the Capuchin in his correspondence with Cardinal Gonzaga, but Ascanio Colonna in a letter to Ambrogio Recalcati dated at Marino 7 May 1537 is more explicit. Many people, he writes, are very busy slandering Ochino, persecuting him and hindering him and trying to do him harm: "L'hanno contate le parole in

Introduction

pergolo a Napoli ad una ad una, per pontarlo, e da certe persone che, se
fussero contate le loro, non ce ne saria pur una per farne un presente a
Christo".[12] Vittoria Colonna wrote about him in much the same vein to
Gonzaga on 22 April 1537. There were some, she had been told, who "se
andavano glosando de falsa invidia le sue sancte parole", but "le sue prediche
et in Perusa et in Napoli son state tanto scripte da boni et tanto estimate ch'è
gran ardir che l'invidia confonda sé stessa".[13]

'From a consideration of this evidence it would appear that when Ochino
preached in Naples in 1536 his manner of preaching was considered strikingly
different from others. The power of his eloquence "marvellously moved the
minds of his hearers, so much so that the whole city ran to hear his sermons
and attend him with exceeding press, and the other preachers were bereft of
audience".[14] His very success was likely to have provoked less gifted Lenten
preachers to jealousy. The Theatines in particular were especially sensitive to
the least deviation from medieval Catholic orthodoxy, and even at this time
some considered Ochino subtly heretical. Castaldo and Miccio agree that his
soundness was impugned, nor are we confined to the uncertain testimony of
such historians: the evidence afforded by Ascanio and Vittoria Colonna is
decisive. Already by Lent of 1536, therefore, the manner and matter of
Ochino's preaching were felt by some to diverge from the orthodox Catholic
norm.

'Although we have no direct testimony about the subject-matter of his
sermons, and although none of his enemies and critics specifically accuses
Ochino of having taught the doctrine of Justification by Faith at this time,
nevertheless the revolutionary character of his preaching can best be
accounted for by supposing that he learned the doctrine from Valdés in Naples
in 1536, embraced it, and preached it from the pulpit. This alone can account
for the disturbing force of his evangel, affecting friend and enemy alike: for

his words were not only eloquent but effective. Castaldo, as we have seen, records that Ochino left some followers behind him; in fact the "Valdesian circle" in Naples dates from Lent of 1536, its impetus deriving as much from Ochino's preaching as from the Spanish Erasmian's Bible-study.'[15] The exquisite Giulia Gonzaga (1513-66) was deeply affected by that preaching,[16] and it seems evident that Juan de Valdés was vitally affected by it also, for the immediate fruit of those Lenten sermons was the composition of his *Alfabeto Christiano*, which might be described as the first manifesto of Evangelism in Italy.[17]

As we shall see, two years after these events in Naples, Bernardino Ochino fulfilled an invitation to preach in the Cathedral Church of S. Martino at Lucca, and shortly afterwards he was elected to his first term as Vicar General of his Order. The following year he preached the Quaresima in the Church of SS. Apostoli in Venice. He returned to Naples in Lent of 1540, and for this occasion we possess positive evidence about the relationship between the thoughts of Valdés and the words of Ochino, for Carnesecchi testified before the Inquisition that the Italian friar used to receive from the Spanish hidalgo the evening before he was due to preach a slip of paper with the theme for his sermon written on it.[18] From Naples he journeyed southward to Sicily, was in Palermo in June, and back in Rome by the beginning of September. Again I quote from my earlier account:

By this time Ochino 'had attained the zenith of his power and popularity in his own country. Such was the esteem in which the Capuchins held him that when his first term as Vicar General came to an end at Pentecost of 1541 they re-elected him to this supreme office in their Order. Almost without parallel in the religious history of Italy was his reputation as a preacher and ascetic; the honour with which he was treated throughout the land by princes and people alike was only rivalled by the austerity with which he treated himself.

Introduction

He was the hottest gospeller and most otherworldly pilgrim that had appeared among men within living memory, and city so vied with city for the privilege of his presence and the eloquence of his Evangelism that (as we have seen) the Pope in person had to arbitrate between them and plan his itinerary.

'But Ochino had come deeply and vitally under the influence of crypto-Protestant teaching and the spirituality of the later Valdés. To a limited extent this can be seen in his sermons published in Venice in 1541 and his dialogues published there the following year. To a greater extent it was sensed by the more perceptive of his contemporaries, for they claimed that the persistent theme of his preaching was the benefit of Christ's death appropriated by justifying faith in the believer: indeed it was remarked in Modena that he spoke too much of Christ and no longer mentioned S. Geminiano. Although he had come within an ace of the coveted Cardinal's hat, and was highly regarded by the Contarini party, it could only be a question of time before he was called to account in a Rome dominated by Giovanni Pietro Carafa.

'It was during his second term in office as Vicar General of the Capuchins that Ochino suffered the greatest crisis in his life. This supreme turning-point in his career stemmed from his forthright and courageous denunciation of the treatment accorded to a fellow-preacher of the Gospel by the Venetian Republic. Fra Giulio della Rovere of Milan had already been tried for heresy at Bologna in 1539, accused of teaching the doctrine of Justification by Faith, possessing Protestant books, and playing down the necessity for auricular confession; but in those more comfortable days of conciliation the Pope himself had intervened to quash the verdict of his judges. Now he was in direr trouble. After preaching twenty-two sermons in the parish of S. Cassiano at Venice during Lent of 1541, he had shown his congregation the crucifix on Good Friday and cried "Good people, look not on this, but look upon the One in heaven!". Fabio Mignanelli, the Apostolic

Nuncio, had acted without compunction. The offending friar had been seized, tried, sentenced and incarcerated. On 15 January of the following year he had recanted in St Mark's, but had been condemned to a further year in prison and four years of banishment from Venice, and had been suspended from the pulpit for ever.[19]

'This condemnation - mild indeed compared with what was to follow during later years in the Republic [20] - aroused the indignation of Ochino, who had arrived in Venice to preach the Lenten season of 1542. "O citizens of Venice" - he thundered from the pulpit - "what manner of behaviour then is yours? If thou, O Queen-City of the Sea, dost cast in prison those that announce to thee the truth, if thou dost nail them up in penitentiaries, if thou dost load them with fetters, where then will the truth go to find refuge?".[21] Mignanelli intervened to prohibit him from preaching, but so great was the popular outcry that the Nuncio cooled his ardour, restrained himself from further intervention and allowed the angry Capuchin to continue and conclude his mission.

'But Ochino had not heard the last of the affair of Giulio della Rovere. After Easter he left Venice for Verona, where he lectured on the Epistles of St Paul in the houses of his Order in the model diocese of his friend, Bishop Gian Matteo Giberti (1495-1543). He was still in Verona in the second half of July when he received a smooth and specious letter dated the 15th of the month from the Pope's son, Cardinal Alessandro Farnese: His Holiness would like to discuss certain domestic matters affecting the Capuchins, and would be glad if Ochino would come to Rome as soon as he could, consistent with his health.[22] Beneath the courteous terms of this invitation the wary friar smelt a rat: could he have seen the Inquisition taking shape in Rome that very month under the zealous supervision of Carafa, his misgivings would have been confirmed and tenfold multiplied.

Introduction

'He decided to play for time, and requested Farnese to allow him to postpone his journey until the heat of summer was over. Giberti seconded this request, seeking to use his influence in Rome to obtain permission for his friend to set out in the autumn, mounted rather than on foot. But before a reply could be received there came a Papal brief, dated 27 July and signed by Pope Paul III himself, urgently commanding Ochino to set out for Rome without delay under penalty of disobedience. In face of such a mandate, Giberti prevailed on Ochino to comply, and on 15 August the Vicar General of the Capuchins took the road to Rome in an agony of indecision.[23]

'Passing through Bologna three days later, Ochino stood at Gasparo Contarini's deathbed long enough to hear the great man say "Father, you see how I am; have compassion on me, and pray God for me, and go on your way in peace". In after years this brief scene became so fabulously expanded in Ochino's memory that he could recall the dying Cardinal's exhortation to fly the country because the day for Evangelism in Italy was over, and would remember Contarini telling him that he was the victim of poison.[24]

'From Bologna he came to Florence by 20 August, and stayed at the convent of his Order at Montughi. In accordance with his former custom, he resorted to the house of Caterina Cibo, Duchess of Camerino, for "he had a specially close friendship with that lady".[25] The Duchess was a whole-hearted supporter of Evangelism, and is described in the records of the Inquisition as *doctrix monialium hæreticarum* because of her work amongst the nuns of S. Marta outside Florence. Her house in the city became a rallying point for men and women justified by faith, and it was here, according to an ancient tradition among the Capuchins and Theatines, that Ochino renounced the cowl.[26] In all probability it was here, too, that he met Peter Martyr Vermigli, whose crisis of conscience had been so like his own.

Introduction

'There is more than one apocryphal account of this meeting in which it is Vermigli who opens Ochino's eyes to the danger in which he stood. The early historians of the Capuchin Order were especially prone to indulge their fancies at the expense of fact in treating of so sensational a topic as the apostasy of their Vicar General. For instance, Mario da Mercato Saraceno, who says that Fra Bernardino was a "great friend... of Don Pietro da Luca of the Canons Regular", tells us that

> From Bologna Ochino went to Florence, and there indeed he was strongly persuaded by some not to go to Rome. And speaking in particular with Don Pietro da Lucca, a heretic and friend of his, he was induced by him to betake himself to Germany, Don Pietro shewing him letters and money received from Frederick, Duke of Saxony. And thus overcome by mingled fear and wickedness, he determined to flee to the Lutherans, which he did. 27

'More colourful still is the account of Zaccaria Boverio, who invents a conversation between the two men that may well enshrine a grain of truth:

> Verona itaque digressus, cum [Ochinus] Florentiam peruenisset, in ea Vrbe Petrum Martyrem Lucensem, quem Hæretico morbo laborantem supra commemoraui, fidum sibi Achatem offendit: a quo post oscula, & amplexus, ac familiara colloquia, cum interrogaretur, quonam tenderet: Romam, inquit Ochinus, quo me Pontifex vocat; ac plerique mihi honores, ac fausta ominantur. At ille confestim: Heu, miser, inquit, quo pergis? Romam ne? vt in ea canitiem tuam cum dolore ad Inferos deduces? Tu ne illusoribus aures præbes, qui inauspicatam tibi dignitatem vltro mentientes promittunt? Quasi, quid Romae in tuam perniciem agatur, ignoremus. Quid honores? Quid fausta tibi fingis? Non tibi Roma triumphos; sed certe (mihi crede) carceres parat: neque fausta precatur, sed inauspicata tibi pollicetur. Siste gressus, & si amico credis, eo iter dirige, vbi pura Euangelij veritas libere coli, ac prædicari queat. Geneuam eundum est, vel in Germaniam proficiscendum, vbi omnia tuta, hic omnia periculis plena. En mihi literas a Saxoniæ Duce, aurumque ad itineris sumptus ne dum necessarium, verum, & vtrique vberrimum, quid vltra cunctandum? 28

'The grain of truth enshrined in this imaginary conversation seems to be that although they were both in the same predicament, Ochino and Vermigli were not in the same state of mind when they arrived in Florence in August 1542 - the one from Verona and the other from Lucca. For Vermigli the battle was over: he had chosen flight and freedom, and was on his way out of Italy. But for Ochino, who was directing his unwilling steps towards Rome, the decision was still before him. The deciding factor appears to have been the persuasion of Vermigli, who, having made up his own mind, proceeded to make up his friend's, as Ochino himself testifies in the opening lines of an illuminating letter that he wrote to Vittoria Colonna from Florence on 22 August:

> Non con piccolo fastidio di mente mi truovo qui fuore di Fiorenze venuto con animo di andar a Roma dove sono chiamato, benché inanti ch'io fussi qui, da molti ne sia stato dissuaso. Ma intendendo ogni dí piú cose et il modo col quale procedono sono stato particularmente da Don Pietro Martire et da altri molto persuaso di non andare: perché non potrei se non negar Christo o esser crocifisso. El primo non vorei fare, el secondo sí, co la sua gratia, ma quando lui vorrà. Andar io alla morte voluntariamente, non ho questo spirito hora. 29

Christ and St Paul both counselled flight, argues Ochino in what is possibly an echo of Vermigli's reasoning, and he continues in these words:

> Dapoi che farei piú in Italia? Predicar sospetto et predicar Christo mascarato in gergo? Et molte volte bisogna bestemiarlo per satisfare alla superstitione del mondo; et non basta, et ad ogni sgraziato basterebbe l'animo scrivere a Roma, pontar me: ritorneremo presto alli medesimi tumulti, e scrivendo manco potrei dare in luce cosa alcuna. Per questi et altri rispetti eleggo partirmi, et particularmente che vedo procedono in modo, che ho da pensare che vorrebbeno infino esaminarmi et farmi rinegar Christo o ammazzarmi. Credo se Paulo fosse nel mio essere non pigliarebbe altro partito.

'The day after he had written this letter (which he probably entrusted to Pietro Carnesecchi or Marcantonio Flaminio), Ochino set out on his journey north. His first intention was to make for Constance, and only later did he decide on Geneva; but whatever his destination, necessity urged him over the Alps. His flight has been so obscured by the weight of legendary deposit from friend and enemy alike that it is difficult to determine the facts; but it seems that he was aided by Caterina Cibo and Vittoria Colonna's brother Ascanio, and may possibly have received assistance from Renée of France, Duchess of Ferrara - a city that was then a busy centre of Evangelism. He fled not a day too soon, for already the guards surrounded the Capuchin cloister of Porta Camollia near his native Siena to take him on his arrival.[30] He evidently travelled alone, for by a curious chance he was seen mid-flight by no less a witness than Cardinal Gonzaga, who one month later wrote to the Duke of Ferrara: "Io con questi occhi proprij vidi fra Bernardino travestito in habito secolare fra le Gratie et Mantova che andava *tutto solo* alla volta di Alemagna".' [31]

The news of Ochino's flight from his native country and the Roman Obedience convulsed Catholic Italy. His traumatic apostasy filled Rome with nine days' wonder, and the Curia was seized with consternation. Cardinal Carafa was heard to speak darkly of the fall of Lucifer, and in a paroxysm of anger Pope Paul III menaced the Capuchin Order with suppression.[32]

*   *   *   *   *   *   *

The dialogues and sermons which Bernardino Ochino wrote and preached before his flight from Italy in August 1542 have an importance for historians today beyond their not inconsiderable intrinsic merit, because they furnish us with the most revealing mirror of the mind of that movement for Catholic Reform which we have come to call Evangelism during its formative decade - those permissive years which began with the appearance of Juan de Valdés in

Italy and ended with the reconstitution of the Roman Inquisition under Cardinal Carafa in July 1542 - an ominous month that ushered in the long but effective eradication of the 'Lutheran' Reformation from Italian soil.

Until comparatively recent years, for this pre-exilic period we have known only his *Dialogi Sette* and *Prediche Nove*, and we have known them only in five contemporary editions.[33] Now however there have come to light the following three important additions to our knowledge of the work of Ochino before his flight in 1542:

(a)   A Zoppino edition (Venice 1540) of the last four of the *Dialogi Sette* which my friend and colleague Professor John A. Tedeschi discovered and has described in the third part of our joint-article entitled 'New Light on Ochino'.

(b)   A Bindoni and Pasini edition (Venice 1542) in 51 numbered folios of all of the *Dialogi Sette* - unknown to Ochino scholars hitherto - preserved among the volumes of the Ferrari bequest [press-mark 0.21: bound together with Ochino's *Espositione sopra la Epistola di Paulo à i Galati* ([Augsburg] 1546), and his *Risposta alle false calumnie, & impie biastemmie di frate Ambrosio Catharino* ([Augsburg] 1546)] in the library of St John's College, Cambridge, where also the first exemplar of the problematic *Trattato utilissimo del beneficio di Giesu Christo crocifisso, verso i Christiani* (printed by Bernardino Bindoni at Venice in 1543) came to light in 1843.[34] The title-page reads: 'DIALOGI DEL / REVERENDO PADRE / FRATE BERNARDINO / OCCHINO SENESE / GENERALE DI / FRATI CA-/PVZZINI. / Nuouamente stampati, & con / somma diligentia corretti. / M D XLII', and the colophon: 'Stampati in Vinegia per Francesco di Ales-/sandro Bindoni, & Mapheo Pasini com-/pagni. Nelli anni del nostro Signore. / M D XXXXII'.

Introduction

(c) An unknown and hitherto unsuspected collection of sermons of considerable interest which is the subject of this book. In December 1962 I discovered that a small printed volume of sermons by Bernardino Ochino in the library of the British Museum in London (now the British Library) had escaped the attention of Karl Benrath, Roland H. Bainton, Benedetto Nicolini and every other biographer and editor of the Sienese Reformer because it was not catalogued under Ochino but under Bernardino [press-mark 3832 aaa 23].

Published during the preacher's first term of office as Vicar General of the newly-founded Order of Capuchins, this volume of 95 unnumbered pages is itself a reprint of a former edition, for the title-page reads: 'PREDICHE, PREDICATE / DAL R. PADRE FRATE BER / nardino da Siena dell'ordine de Frati / Capuccini, Ristampate / Nuouamente. / Et giontoui vnaltra Predicha. / M.D. XXXXI' - and the colophon confirms: 'FINISCONO LE PREDICHE / Predicate dal R. Padre Frate Bernardino da Sie-/ na dell'ordine de Frati Capuccini, Et agionto-/ui altre Prediche. Et nuouamente corret-/te & ristampate nella inclita Citta di Ve-/netia per Bernardino da Viano de / Lexona Vercellese. Anno Do-/mini M.D.XXXXI. / Adi xvi Marzo.' [35]

The sermons number seven, the first five of them delivered in the Cathedral Church of S. Martino in Lucca in 1538, and the remaining two in the Church of the SS. Apostoli at Venice in Easter week of 1539. The title-page and colophon are at variance here: either the seventh sermon is the one referred to on the title-page as having been added during the reprinting of this collection, or, as the colophon seems to suggest and as appears to me more probable, the original edition contained only the five sermons preached in Lucca (which, as we shall see, have certain distinctive features in common), and the two preached in Venice were added when the collection was being reprinted - the first, perhaps, before the title-page was set up, and the second after it had gone to press.

Introduction

Only the seventh and last of these sermons, preached 'del lunedí di Pasqua' and beginning 'Benché tutte le operazioni e perfezioni di Dio siano manifeste', was already known, since it was contained in slightly varying forms in both the Zoppino and Bindoni editions of Ochino's *Prediche* published at Venice later in this same year 1541.

The volume is prefaced by a dedication 'A SUORE [*SIC*] ANTONINA DA VILLA BASILICA, SORELLA MIA DILETTISSIMA IN SANTO GEORGIO' which reveals the interesting fact that at least the first five sermons were not transcribed by the preacher himself, nor revised nor even seen by him before publication, but were taken down verbatim by an anonymous editor who confesses that 'le ho date fuora senza saputa del detto Reverendo Padre'.

Who was this unnamed but self-styled steward of the gift of God? Although the dedicatee was a woman, from the gender of the self-applied participles 'spinto' and 'stretto' and of the substantive 'dispensatore' we know that the dedicator was not: because *she* was a nun, it is likely that *he* was a religious. It is tempting to identify him with the Capuchin Fra Giambattista da Venezia who 'in civitate lucana hæresim lutheranam prædicavit' in that same year 1538;[36] but from the tone of the dedication he would appear to have been a native or inhabitant of Lucca or its vicinity, hence it is improbable that he was a fellow-Capuchin, for there is no record of any Lucchese member of the Order in the early decades of its existence. That he was fired with the enthusiasm for Ochino which swept the Republic of Lucca in 1538 is obvious; equally evident is the fact that he shared with the preacher the viewpoint of Evangelism, and was conscious of belonging to an esoteric circle within the Catholic Church: 'li eletti di Dio' (twice) who enjoy the 'interiore spirito vivo di Cristo' are contrasted with 'la maggior parte delli insensati cristiani a' nostri tempi [che] si fermano nelle cerimonie e operazioni esteriori'. From the terms of the dedication it seems not impossible that he may have been a Dominican from the monastery of S. Romano in Lucca, for at this time S. Romano and the 'venerando monasterio' of 'Santo Georgio' to which he refers were closely linked in the selfsame devotion to the cult of Savonarola.[37]

In 1520 twelve nuns of the Dominican convent of S. Nicolao Novello in Lucca who wished to promote the Savonarolan reform of conventual life were granted possession of the ancient church and monastery of S. Giorgio, which had been a Benedictine stronghold in the city from the eleventh to the fourteenth centuries, and which has been a prison since 1806.[38] Here they formed a focus of piety under the direction of their first superior, Beatrice Palmeri of Naples, and not long before Ochino preached in the Cathedral they were evidently joined by 'Sor Antonia, nipote di Prete Francesco Tucci da Lucca', a young nun who in 1535 'si vestí alli 25 di Maggio et alli 26 fece professione' in the sister foundation of SS. Annunziata at Villa Basilica, a small township about ten miles north-east of Lucca and three miles north-west of Pescia.[39] If my suggested identification is correct, it was to this 'sorella dilettissima' that the anonymous editor of Ochino's Lucca sermons dedicated his edition.

To what extent the editor has modified the preacher's *ipsissima verba* in committing them to writing or preparing them for publication must remain a matter for conjecture, but perhaps a higher degree of stylistic uniformity is discernible in these Lucca sermons than in the sermons Ochino preached elsewhere: in every one of them, for instance, the exordium contains the formula 'Prestatemi grata audienza e incominciamo nel nome di Gesú', and all of them end with the words 'acciocché tu sia felice in questa vita e in nell'altra'. Another possible indication of the hand of the editor (unless Lucca provided a better behaved audience than Venice) is to be seen in the fact that those *ad hoc* injunctions about silence and spitting which are so curiously but happily preserved in the sermons preached in Venice are totally missing from the first five of this collection.[40] Like garlic to the omelette, such earthy expostulations bring out the savour and immediacy of the spoken word, but they might well have been expurgated by the preacher if he had prepared his pre-exilic sermons for publication in the same way that he prepared his *Prediche* in exile. It is hard to escape the conclusion, therefore, that none of the fifteen sermons printed before his flight in 1542 was published (or indeed authorised) by Ochino himself, but rather by some anonymous editor or other 'senza saputa del detto Reverendo Padre', and that in the case of the nine preached in Venice the editor has made no attempt to separate the precious from the vile, but has noted down the ephemeral with the eternal: for which he deserves our gratitude.

When exactly did Ochino preach in Lucca? The five sermons themselves afford us little internal evidence of a chronological nature (although at one point the preacher refers specifically to the death of Alessandro de' Medici, Duke of Florence, who was murdered in January 1537 [41]), but there is sufficient external evidence - for the most part gleaned from the life and letters of that incurable sermontaster and protectress of the Capuchins, Vittoria Colonna - to help us determine the approximate season in which they were delivered. Von Reumont and Feliciangeli supposed that it was during Lent of 1538, but they were mistaken.[42] In February of that year Ochino briefly occupied pulpits in Faenza and Brisighella before going on to preach in Pisa at the instance of his patroness, Margaret of Austria, the young widow of Alessandro de' Medici and the natural daughter of the Emperor Charles V. On 25 March he left Pisa for Florence, where he fulfilled the remainder of the Lenten season, but when Easter was past he came to Lucca, probably to join Vittoria Colonna, who was profiting from the baths there.[43] We can date his visit between Easter day (which fell on 21 April that year) and mid-May, when, as we shall see, his preaching began to bear fruit in the pocket Republic.

Introduction

(According to one authority, it was at this time that Ochino must have made the acquaintance of the lady who later became his wife when they were both exiles in Geneva.[44]) He stayed in Lucca only 'pochi giorni', and evidently preached only 'poche prediche'; hence it is likely that the five sermons published by our anonymous editor are in fact all that Ochino delivered in the Cathedral of Lucca on this occasion.

These sermons had a powerful, immediate and lasting effect upon the Republic. Two years later the Anziani (or Senators) of Lucca wrote to Cardinal Bartolomeo Guidiccioni on 15 April 1540,

> ricordandoci noi quanto frutto spirituale facesse, et quale principio di amore di Dio, et charità del proximo, nelle quali cose consiste il tutto, mettesse in questa nostra città il Rev.mo padre fra Bernardino da Siena in pochi giorni che vi si fermò, ci troviamo un desiderio immenso di poterlo udire una quaresima [...]. 45

Nor did they exaggerate, for Ochino had preached to the people of Lucca during the long aftermath of the great popular rising in the Republic in 1531-32 known as the *Sollevazione degli Straccioni* and its bloody repression,[46] and his passionate evangel - with its radical social content - had pierced the conscience of the patriciate and warmed the heart of the plebs. In his second sermon he exclaimed:

> Oh pastori delle anime, oh sacerdoti, oh principi, oh padri e madre attendete! Oh giudici, dottori e magistrati, dirizzate e reggete prima voi medesimi! Imperocché sí come dal primo mobile hanno origine e virtú tutti li altri cieli inferiori, cosí da la carità di Dio e del prossimo tutte le altre virtú hanno origine e principio. E però se non hai conosciuto Dio nel presepio, né in croce, né in nella sua gloriosa ascensione, conosci la sua bontà, il suo decoro e suprema bellezza in nelli poverini, creature di Dio redenti col suo prezioso sangue, tuoi fratelli, quantunque siano sordidi, stracciati, infermi e puzzolenti, dando loro e con lieta fronte e cuore infiammato distribuendoli le tuoi sustanze, le quali non per altro te le ha date Dio, salvo che oltra la tua necessità ne sia dispensatore a' poverini, anzi a Cristo Gesú. 47

Introduction

With his own eyes he had seen the indifference of the rich to the suffering of the poor:

> Ma ohimé! che dirò io di quelli impii e falsi cristiani che abbondano di ogni cosa e nientedimeno permetteno piú presto i poveri morir di fame che i lor cani e le lor mule? Ahimé, che al tempo de la carestia mi ricordo averne veduti tanti senza numero morir di fame, che a pena potevono parlare, e nientedimeno stavano per le strade e alle porte delle chiese dove passavano quelli ricconi, prelati e secolari, carichi de la roba de' poveri, e carichi di anella, pieni d'oro e di veste di seta, e nondimeno non li volevano pur vedere; e le lor chiese e case erano opulentissime e ornatissime in tanta superfluità di veste d'oro, di argentaria e tanti calici; e coprir volevano e vogliono piú presto le mura di Cristo dipinto che ricoprire e aiutare Cristo mistico vivo ne i poverini: li quali certamente non sono cristiani, ma ipocriti e falsi cristiani. 48

Like the Republic of Venice, the Republic of Lucca had a special place in Ochino's affections and in the purpose of God - but she was not answering to her high calling:

> Tu, Lucca, sei stata quel vaso d'argento dove stava dentro il sacramento del corpo e sangue del Signore, il quale fu preservato miracolosamente dal fuoco quando brugiò del tutto la Chiesa. Cosí dico: - Tu, Lucca cara, sei stata preservata miracolosamente dal fuoco delle tribulazioni della Italia, ché doveresti essere un vaso sacro e nutrire Cristo nel povero oltra ogni altro ordine delle altre città, e doveresti essere una sagrestia di virtú e di cristiana perfezione; e ohimé! fai tutto il contrario, imperocché gli altri, che non hanno gustato i doni li quali hai gustato tu, conoscono molto piú la grazia tua che non conosci tu -. 49

The immediate result of Ochino's preaching was that certain of the citizens of Lucca banded together to petition the Magnifico Consiglio on 17 May 1538 that the *poverini* in their midst 'in aliquo loco possent quiescere et non coacti essent fame perire', or at any rate that provision should be made 'pro tot egenis et miserabilibus personis'. 50

The sermons preached in Lucca have also left their modest mark upon the

Introduction

literature of Italy. Giovanni Guidiccioni (1500-41), Bishop of Fossombrone and nephew of Cardinal Bartolomeo, was a minor humanist poet whose *Oration to the Nobles of Lucca* (addressed to the patricians of the Republic in 1533 after the traumatic social upheaval of the two preceding years) has become a classic.[51] This sonnet-prone Petrarchist was in his native Lucca at the time of Ochino's visit and heard him preach, as he tells Annibal Caro in the postscript of a letter written shortly afterwards:

> Ho udito in Lucca pochi dí sono fra Bernardino da Siena, veramente rarissimo uomo: e mi piacque tanto che gli ho indirizzati dui sonetti, de' quali ve ne mando uno. L'altro, che feci ieri, ve lo manderò per le prime mie. [52]

The first of these sonnets ('A fra Bernardino Ochino da Siena, lodandone l'austera predicazione') conveys some inkling of the profound impression made upon his contemporaries by this otherworldly Capuchin:

> O messaggier di Dio, che 'n bigia vesta
> l'oro e i terreni onor dispregi tanto
> e nei cuor duri imprimi il sermon santo,
> che te stesso e piú 'l ver ne manifesta,
>   il tuo lume ha via sgombra la tempesta
> dal core ove fremea, dagli occhi 'l pianto;
> contra i tuoi detti non può tanto o quanto
> de' fèri altrui desir la turba infesta.
>   L'alma mia si fe' rea de la sua morte
> dietr'al senso famelico, e non vide
> sul Tebro un segno mai di vera luce:
>   or, raccolta in se stessa, invia le scorte
> per passar salva e s'arma e si divide
> da le lusinghe del suo falso duce. [53]

The second sonnet suggests the penetrating effect of Ochino's preaching:

> A quei ferventi spirti, a le parole
> che quasi acuti strai dentr'al cor sento,

xxxiii

scaldo i freddi pensieri, e lor rammento
quanto talor invan da me si vòle;
 levansi allor ardenti al sommo Sole
che tutto scorre e vede in un momento.
Servo fedel di Dio, quel che divento
allor è don de le tue voci sole.
 Ché non sí tosto ne' bei rai m'affiso,
ch'io scorgo il ver che qui l'ombra ne vela;
e quel tanto son io per te beato.
 S'aggelan poi; ma tu, cui solo è dato,
spesso gl'infiamma e lor mostra e rivela
li ordini occulti e 'l bel del paradiso. 54

Hitherto we have known only the *effects* of Ochino's preaching in
Lucca: with the discovery of the text of his five sermons we shall now be in a
position to assess the cause.

But perhaps the most remarkable (and certainly the longest) of the
Prediche hitherto unknown to us is the sixth, preached in the Church of the
SS. Apostoli at Venice 'il terzo dí de Pasqua' of the year 1539. It treats of the
ways in which the Christian can and should keep himself from sin, and is
enlivened by illustrations such as the following, in which we catch the very
tone of this greatest of sixteenth-century Italian preachers:

Ma acciocché tu sappia come abbiamo a fare, immaginati una gentildonna, ovvero
una cittadina, alla qual suo padre volessi dare marito. E poiché sono del tutto
d'accordo, venneno alla fanciulla e, fatto venire il notaio e quello che ha a esser
sposo, ed essendo d'accordo del resto, dirà il notaio a quel giovene: - Missier tale,
vi piace madonna tale per vostra legittima sposa? -; il quale non vede l'ora e
risponde: - Missier, sí! -. Allora il notaio si volge alla fanciulla e dice: - Madonna
tale, vi piace missier tale per vostro legittimo sposo? -. E lei, per esser cosí il
costume, o per esser cosí ammaestrata, o per esser vergognosa, non risponde
niente, se ben gli pare mille anni a dir che sí. Torna il notaio la seconda volta: -
Madonna tale, vi piace missier tale, ecc.? -; e lei, che conta con le dita quante volte
glielo ha domandato, dubitando non se ne dimenticar a che passeno le tre volte e

che non dicessi de sí, pur non risponde niente. Domanda la terza volta: - Madonna
tale, vi piace missier tale per vostro legittimo sposo, ecc.? -. A che con vergognosa
faccia e con la bocca stretta risponde: - Missier, sí! -. (Orsú, poi che avete riso,
sputate!) 55

But the chief interest and importance of this sermon is surely to be found
in Ochino's revealing attempt to exculpate himself from the charge of heresy
in the following significant passage:

Orsú, venticinque parole e torrò licenza da voi.

Avendo finito le nostre predicazioni, volendo pigliare licenza da voi e vedendo
che gli predicatori al partir suo pigliano alcune belle licenze quando si vogliono
partire, per il che quando io cominciai predicare me ne andai a un nostro padre da
bene e gli disse: - Padre, di grazia, insegnatemi a pigliare una bella licenza -; il
qual mi disse: - Molto volontieri. Fa' cosí: come hai finito di predicare, piglia il
mantello e volta le spalle e vattene giú dal pulpito! -.

Pur dirò dieci parole, perché io ho inteso che sono stato calunniato di alcune
cose, e *prœcipue* di eresie; e perché il bisogna discendere a' particolari, dicono che
io ho negato il purgatorio. In questo io vi dico che io non ho negato il purgatorio,
anzi io tengo chiaro e certo che vi sia - e Martin Luter lo tiene! E io ringrazio Dio
che non credo esser eretico in conto alcuno, pure mi offerisco a chiarire la mente di
ciascuno in quanto io ho detto. Starò qui oggi e domani, eccetto per dua ore che ho
ad andare fuora per un servizio; la camera starà aperta a ognuno che verrà, e non
satisfacendo e bisognando, io sono per retrattarmi di quanto avessi detto. Ma credo
che non bisognarà, perché fin qui ho predicato trenta quaresime e non li ho avuto
a fare, perché io sono cattolico e fidele alla Chiesa nostra, quale io tengo per
santissima, e a quella voglio credere finché ne vedrò un'altra migliore. Potria essere
se io ne vedessi una altra migliore (che non è possibile) che io me aderessi a quella;
ma per ora io non la veggio. E perché hanno detto delle indulgenze *per modum
suffragii* io non ve le arei annonziate. 56

The effect of Ochino's preaching in Venice that Lenten season of 1539 is
on record, especially in the personal testimony of those men of letters who
heard him. Pietro Bembo, who on 6 April 1538 had written to Vittoria

Introduction

Colonna to beg her to persuade her protégé 'che accetti di venire a quest'altra Quaresima prossima a predicare qui nella chiesa de Santi Apostoli a riverenza e onor di N.S. Dio',[57] now kept her posted on the Capuchin's phenomenal eloquence and sanctity. On 23 February he wrote:

> Confesso non avere mai udito predicar piú utilmente né piú santamente di lui, né mi maraviglio se V.S. l'ama tanto quanto ella fa. Ragiona molto diversamente e piú cristianamente di tutti gli altri che in pergamo sian saliti a miei giorni, e con piú viva carità e amore, e migliori e piú giovevoli cose. Piace a ciascuno sopra modo, e stimo che egli sia per portarsene, quando egli si partirà, il cuore di tutta questa città seco. 58

On 15 March he reported:

> Ragiono con V.S. come ho ragionato questa mattina col Rever. padre frate Bernardino, a cui ho aperto tutto il cuore e pensier mio come arei aperto dinanzi a Gesú Cristo, a cui stimo lui essere gratissimo e carissimo, né a me pare aver giamai parlato col piú santo uomo di lui. 59

Less than three weeks later, Bembo - who meanwhile had been created a Cardinal on 24 March - wrote again to Vittoria Colonna on 4 April:

> Il nostro frate Bernardino, che mio il voglio da ora innanzi chiamare alla parte con voi, è oggimai adorato in questa città, né ci è uomo né donna che non l'alzi con le laudi fino al cielo. O quanto vale, o quanto diletta, o quanto giova! 60

Bembo seems to have been expressing popular opinion in the Venetian Republic. Even the profligate Pietro Aretino, in a letter to Paul III dated at Venice 21 April, professed to have been moved to the point of conversion by hearing Ochino preach. Congratulating the Pope on elevating Bembo to the cardinalate, he declared:

> Io [...] dirò solamente che sí chiara persona ha dato mille anime al paradiso con l'avere transferito in questa città cat[t]olica e vostra divota il tanto umile quanto buono fra Bernardino da Siena, la cui sincerità, ridotto il suo core, la sua mente, la

Introduction

sua eloquenza e la sua discrezione ne la sua lingua, ne la sua faccia, ne le sue ciglia e
nei suoi gesti, converte le disperazioni in salute, gli odii in carità, i vizi in virtú e le
superbie in umanitade. Onde io, che ho visto, nel predicare egli, la essenza de la
eternità, il Padre in voce, il Figlio in carne e lo Spirito santo in colomba, mosso da
quella sua tromba che si fa udire col fiato apostolico, ho creduto a le ammonizioni de
la Riverenza Sua, le quali vogliono che questa lett[e]ra, in mia vece gettatasi ai piedi
de la Vostra Santità beatissima, le chiegga perdono de la ingiuria fatta a la corte da la
stoltizia de la scritture mie. 61

Ochino's fifteen pre-exilic sermons known to us (five preached in Lucca,
nine in Venice, and one in Perugia) are of course only a selection from the
several hundred that he must have preached in Italy before his flight in 1542.
We do not know on what criterion they were chosen for publication, nor how
representative they are of his preaching style and methods, and therefore it
would be unwise to generalise from them too freely; but since (as we have
seen) the editor of the Lucca sermons shared the viewpoint of Evangelism
with the preacher, and hence could hardly have been scandalized by the
'novelty' of his doctrine, it may surprise us to discover how little the crucial
dogma of Justification by Faith - as we find it, for instance, in the *Beneficio di
Cristo* - entered into Ochino's popular preaching even at this comparatively
mature stage of his career in Italy.62 All these sermons were preached after he
had come under the influence of Juan de Valdés at Naples in 1536, and yet
they can hardly be said to echo the Spanish theologian's doctrine.
Christocentric they assuredly are, and may be described as evangelical in the
broadest sense; but there is nothing overtly 'Protestant' about them - nothing
indeed that a pious Catholic and Capuchin could not have heartily endorsed,
with their devotion to the Madonna and their Franciscan emphasis on the
imitation of Christ.

In the form in which they have come down to us they may be taken to
illustrate one of two propositions: either when Ochino mounted the pulpit he
reckoned - like all Nicodemites before and since - that discretion was the

better part of valour, or (more probably) his progress in Evangelism was more rapid and thorough between Easter 1539 and his flight in August 1542 than between his meeting with Valdés in Lent of 1536 and Easter 1539.

Perhaps in all his pre-exilic *Prediche* Ochino comes nearest to the *articulus stantis et cadentis ecclesiæ* in the following passage from the first part of the fifth of his Lucca sermons:

> Sapeva ben Paulo di chi si fidava, e a chi aveva dato in deposito il corpo e l'anima, con tutte le suoi potenze. E però, cristiano mio, fidati del tuo Cristo, tuo Redentore, padre e fratello, e a lui, e non al mondo, da' in deposito l'anima tua, le tuoi intenzioni e operazioni, insieme con le tuoi sostanze, che le saranno sicure.
>
> E nota questo esempio: Fu uno infermo, vicino a morte e disperato al tutto, e molto prossimo alla sua dannazione; onde, essendo visitato, rispondeva: - Son disperato, nessuno non mi dica niente -. Molti lo riprendevano benignamente, contraddicendogli al suo parlare e condolendosi del suo grave errore. Un altro non solamente non li contraddisse al suo parlare, ma li fece buono il dir suo, e lo persuadeva a disperarsi in tutto e per tutto delle suoi opere, ma non già in Cristo, il quale aveva pagato per lui e aveva preso tutti i suoi peccati, e nostri, sopra delle suoi spalle. E cosí l'infermo si disperò dell'opere e meriti suoi, e tutta la sua speranza e fiducia la puose in Cristo, e morendo con tal viva fede fu salvo.
>
> E però, cristiano mio, nota e imprimiti nel cuore queste parole nello articolo della morte, e rispondi al diavolo, se ti gettasse in occhio che sei grandissimo peccatore: professa e di' che sí; e se ti dicesse: - Tu hai commessi tanti e tanti peccati -, e confessa e di' che sí. E se ti dicessi: - Dispèrati! -, di': - Io mi dispero al tutto delle mie operazioni, ma non già del mio Cristo, il quale ha pagato per me e ha fatto la penitenza per me in sul santissimo legno della croce -. E se dicesse: - Dispèrati di Cristo! -, digli arditamente: - Mai mi dispero di quello, che mi ha creato e ricomprato col suo preziosissimo sangue, il qual mi ama piú che padre, madre, fratelli e sorelle -; e di' con Paulo: *Scio cui credidi et certus sum* ecc. Ed è il mio il Figliuol di Dio: ibi *Dominus meus et Deus meus.* 63

But let the seven sermons speak for themselves: here they are in full for the first time since 1541 with all their strengths and weaknesses, insights and idiosyncracies - an eloquent witness to the Gospel of our Lord Jesus Christ.

Notes to Introduction

1 The autograph of Ochino's Apology, together with his *Dialogo del Peccato*, is preserved in the British Library, London, Add. MS 28568. Five hundred years after the presumed year of his birth, the *Comune* and University of Siena hosted an international *Giornata di Studi* in his honour in the Palazzo Patrizi in Siena on 23 October 1987.

2 Quoted from my 'Ochino's Apology: Three Gods or Three Wives?' in *History* 50 (1975) 355. The annalist was Thomas M'Crie in his *History of the Progress and Suppression of the Reformation in Italy in the Sixteenth Century* (Edinburgh 1827) 151 [second edition (Edinburgh 1833) 180]. See also Antonio D'Andrea, 'Geneva 1576-78: The Italian Community and the Myth of Italy' in *Peter Martyr Vermigli and Italian Reform*, ed. Joseph C. McLelland (Waterloo, Ontario 1980) 53-63.

3 'Estratto del processo di Pietro Carnesecchi', ed. G. Manzoni in *Miscellanea di Storia Italiana*, 10 (Turin 1870) 516-17.

4 In R.H. Bainton, *Bernardino Ochino, esule e riformatore senese del Cinquecento, 1487-1563* (Florence 1940) 24-5. The revised Constitution was discovered and edited by the Capuchin scholar, Edouard d'Alençon, in *Primigeniæ Legislationis Ordinis Fratrum Minorum Capuccinorum textus originales seu Constitutiones anno 1536 ordinatæ et anno 1552 recognitæ cum historica introductione copiosisque adnotationibus* (Rome 1928). See Rita Belladonna, 'Bernardino Ochino's Fourth Dialogue (*Dialogo del Ladrone in croce*) and Ubertino da Casale's *Arbor Vitæ*: Adaptation and Ambiguity' in *Bibliothèque d'Humanisme et Renaissance* 47.1 (1985) 125-45, especially 126-30.

5 *Peter Martyr in Italy: An Anatomy of Apostasy* (Oxford 1967) 35-42.

6 *Oratio de vita & obitu [...] Petri Martyris Vermilii* (Zurich 1563) 7A, quoted in the English version (without pagination) which concludes Anthony Marten's edition of Vermigli's *Common Places* [London 1583].

7 S. Miccio, 'Vita di Don Pietro di Toledo', ed. F. Palermo in *Archivio Storico Italiano*, 9.1 (Florence 1846) 27-8.

8 *Dell'istoria di notar Antonino Castaldo libri quattro* (Naples 1769) 73-4.

9 *Historia delle cose di Napoli sotto l'imperio di Carlo Quinto* (Naples 1769) 70.

Notes to Introduction

10   *Vita et gesti di Paolo Quarto*, I, fol. 128A-B (MS X D 28 in Biblioteca Nazionale, Naples).

11   Introduction to his edition of *Alfabeto Cristiano* (Bari 1938) xiii.

12   In P. Tacchi Venturi, *Storia della Compagnia di Gesù in Italia*, I (Rome and Milan 1910) 502-3.

13   In *Carteggio di Vittoria Colonna Marchesa di Pescara*, edd. E. Ferrero and G. Müller (Turin 1889) 138-9.

14   Miccio, loc. cit.

15   *Peter Martyr in Italy*, 35-9 (quoted by permission of Oxford University Press).

16   See B. Amante, *Giulia Gonzaga, contessa di Fondi, e il movimento religioso femminile nel secolo XVI* (Bologna 1896); K. Benrath, *Julia Gonzaga. Ein Lebensbild aus der Geschichte der Reformation in Italien* (Halle 1900); G. Paladino, *Giulia Gonzaga e il movimento valdesiano* (Naples 1909); C. Hare, *A Princess of the Italian Reformation: Giulia Gonzaga, 1513-1566, Her Family and her Friends* (London and New York 1912) [based on Amante]; R.H. Bainton, *Women of the Reformation in Germany and Italy* (Minneapolis 1971) 171-85; and my *Peter Martyr in Italy*, 28-32.

17   It certainly predates the *Beneficio di Cristo* and the *Consilium de emendanda ecclesia*, and every other known writing that might otherwise have qualified for that honour. From the dedication to Giulia Gonzaga we learn that the book was written soon after the conversation it records. Composed 'in lingua castegliana', it was translated into Italian by Marcantonio Magno, and first published at Venice in 1545. The Spanish original has not survived.

18   'Estratto', 196.

19   See E. Comba, 'Giulio da Milano. Processi e scritti' in *La Rivista Cristiana*, 15 (Florence 1887) 304-6 and 350-2 (with full text of recantation).

20   See Benrath, *Geschichte der Reformation in Venedig* (Halle 1886).

21   In R.H. Bainton, *Bernardino Ochino, esule e riformatore senese del Cinquecento, 1487-1563* (Florence 1940) 52.

22   Text in P. Piccolomini, 'Documenti Vaticani sull'eresia in Siena durante il secolo XVI'

Notes to Introduction

in *Bullettino senese di storia patria*, 15 (Siena 1908) 299, document 2.

23   See P. Negri, 'Note e documenti per la storia della Riforma in Italia. II. Bernardino Ochino' in *Atti della R. Accademia delle Scienze di Torino*, 47 (Turin 1912) 73-5; L. Pastor, *The History of the Popes from the Close of the Middle Ages*, English version, ed. R.F. Kerr, 11, second edition (London 1923) 490-1; and Bainton, *Bernardino Ochino*, 53.

24   Bainton, loc. cit.

25   Antonio Caracciolo, 'Compendium Inquisitorum' in *La Rivista Cristiana*, 4 (Florence 1876) 136. On Ochino's relations with Caterina Cibo, see B. Feliciangeli, *Notizie e documenti sulla vita di Caterina Cibo-Varano Duchessa di Camerino* (Camerino 1891) 244 ff.

26   Caracciolo, 'Compendium', loc. cit.

27   *Relationes de Origine Ordinis Minorum Capuccinorum*, ed. Melchiorre da Pobladura (Assisi 1937) 443.

28   Boverio continues: 'His perterrefactus Ochinus, cum amico fugam persuadenti, sibi melius parendum duceret: mox mutato consilio, a Romana profectione animum reuocat, atque ad Hæreticos sibi conuolandum proponit. [...] Pseudomartyr vero vbi Ochinum ad Geneuense iter paratum animaduertit; oblata illi quadam pecuniæ summa, quæ ad itinerarios sumptus sufficeret: paulo post ipse quoque Germanicum iter aggressus, in Saxoniam se confert', *Annales Ordinis Capucinorum*, 1 (Leyden 1632) 298-9. There is no other evidence that Vermigli provided Ochino with money for his flight, but it is not improbable, since he drew his patrimony from Florence (see *Peter Martyr in Italy*, 66).

29   In Benrath, *Bernardino Ochino*, 107 n. Giulia Gonzaga refers to this letter in writing to Ferrante Gonzaga from Naples on 18 October 1542: '[Ochino] essendo arrivato in Fiorenza fu consigliato a non venire, e se ben mi ricordo nomina un Don Pietro Martir de l'ordine de' canonici regolari de Tremito omo stimatissimo in ogni loco dov'è stato de sciencia e bona vita...' (in G. Campori, 'Vittoria Colonna' in *Atti e memorie delle RR. Deputazioni di storia patria per le provincie dell'Emilia*, NS 3 (Modena 1878) pt ii, 17).

30   In Benrath, loc. cit.

31   Letter *di mano propria* dated 22 September 1542 in A. Luzio, 'Vittoria Colonna' in *Rivista Storica Mantovana*, 1 (Mantua 1885) fasc. i, 42 n. Extended passage quoted from my *Peter Martyr in Italy: An Anatomy of Apostasy* (Oxford 1967) 277-83 by permission of Oxford University Press.

Notes to Introduction

32   For the last 22 years of his life, Ochino remained in exile from Italy. In 1547 Cranmer invited him to England, where he was appointed Prebend of Canterbury, but spent six years in London. Here he wrote against the 1549 uprisings (see my 'Ochino on Sedition' in *Italian Studies*, 15 (1960) 36-49) and composed his most ingenious work, *Tragoedie* (1549), which influenced Milton (see my 'Bernardino Ochino in Inghilterra' in *Rivista Storica Italiana*, 103.1 (1991) 231-42). Two years after his return to Geneva in 1553, he was appointed pastor to the Locarnese Italian community in Zurich, but by now his questing and questioning mind made him an uncomfortable bedfellow. No orthodoxy seemed to satisfy him, and it was not long before he was suspected of anti-Trinitarianism. His speculative writings culminated in 1563 in *Dialogi XXX*, which contained the scandalous *Dialogus de Polygamia*. Banished from Bullinger's Zurich, denied asylum in Nuremberg, he sought refuge in Poland with King Sigismund, was again banished and died an outcast from Christendom at Schlickau (Austerlitz) in Moravia late in 1564. A minor claim to fame is that a translation of a sonnet of his became the first known sonnet in the German language: see my '*Zu dem Basthardischen Christenthumb*: The Italian Background to the first known Sonnet in German' in *From Wolfram and Petrarch to Goethe and Grass: Studies in Literature in Honour of Leonard Forster*, edd. D.H. Green, L.P. Johnson and Dieter Wuttke (Baden-Baden 1982) 257-63.

33   (a)   An undated 'pre-edition' of the third of the *Dialogi Sette* (beginning 'Non credo che al mondo sia cosa a l'homo più necessaria quanto 'l sapere bene reggere & gouernare se stesso') entitled 'DIALOGO IN CHE MODO / LA PERSONA DEBBIA REGGERE / bene se stessa: Composto per lo Reuerendo padre frate / Bernardino da Siena de l'ordine de frati minori nomi-/nati CAPVCINI deuoto & illuminato theologo', preserved in the Vatican Library [press-mark Ferraiol V 7622], which was discovered, described (but not edited) by Professor Benedetto Nicolini, who supposed it to have been printed at Naples - probably by Johannes Sulzbach - in 1536 (see his 'D'una sconosciuta edizione di un dialogo dell'Ochino' in *Ideali e passioni nell'Italia religiosa del Cinquecento* (Bologna 1962) 143-6). Nicolini argued (143) for a date 'non dopo del 1538' because the title does not describe Ochino as 'Generale' of the Capuchin Order, an office to which he was first elected in September of that year; but his argument loses its cogency when we find the description omitted also from the 1540 edition of the last four of the *Dialogi Sette* discovered by John Tedeschi.

(b) 'DIALOGI SETTE DEL / REVERENDO PADRE FRATE / Bernardino Occhino Senese Generale di frati Ca / puzzini', &c, printed at Venice in 1540 by Nicolo d'Aristotile detto il Zoppino, the only known exemplar of which is preserved in the Biblioteca Nazionale Centrale, Florence [Guicciardini Collection, press-mark 23-3-23].

(c) 'DIALOGI SETTE DEL / REVERENDO PADRE FRATE / Bernardino Occhino Senese Generale di frati Ca / puzzini', &c, printed at Venice in 1542 by Nicolo d'Aristotile

Notes to Introduction

detto il Zoppino, the only known exemplar of which is preserved in the Biblioteca Nazionale Centrale, Florence [Guicciardini Collection, press-mark 2) 2-6-21: bound together with (e) below].

    (d) 'PREDICHE NOVE PRE-/DICATE DAL REVERENDO / Padre Frate Bernardino Occhino Senese Gene/rale dell'ordine di frati Capuzzini nella Incli-/ta Citta di Vinegia: del M D XXXIX', &c, printed 'In Vinegia, per Nicolo d'Aristotile da / Ferrara, detto il Zoppino. Ne gli / anni del nostro Signore. / M D XLI / Del Mese di Maggio', the only known exemplar of which is preserved in the Biblioteca Nazionale Centrale, Florence [press-mark Banco Rari 250].

    (e) 'PREDICHE DEL / REVERENDO PADRE / Frate Bernardino Occhino Senese / Generale dell'ordine di frati Ca / puzzini, predicate nella In-/clita Citta di Vinegia, del M D XXXIX', printed 'In Vinegia, per Francesco di Alesandro / Bindoni, & Mapheo Pasini compagni. / Del mese di Decembrio. Nelli anni / della Incarnatione del Signore / M D XXXXI', the only known exemplar of which is preserved in the Biblioteca Nazionale Centrale, Florence [Guicciardini Collection, press-mark 1) 2-6-21: bound together with (c) above].

34   See *A Descriptive Catalogue of the Manuscripts and Scarce Books in the Library of St John's College, Cambridge*, compiled by B. Morgan Cowie (Cambridge 1843) 134, n. 51; *The Benefit of Christ's Death: probably written by Aonio Paleario: reprinted from the Italian edition of 1543 [...] With an introduction by Churchill Babington* (London and Cambridge 1855); 'The *Beneficio di Cristo*' translated with an Introduction by Ruth Prelowski, in *Italian Reformation Studies in Honor of Lælius Socinus*, ed. John A. Tedeschi (Florence 1965) 21-102; Benedetto da Mantova, *Il Beneficio di Cristo, con le versioni del secolo XVI, documenti e testimonianze*, ed. Salvatore Caponetto (Florence and Chicago 1972); Tommaso Bozza, *La riforma cattolica: il Beneficio di Cristo* (Rome 1972); and my 'Benedetto da Mantova, Marcantonio Flaminio, and the *Beneficio di Cristo*: a developing twentieth-century debate reviewed' in *The Modern Language Review*, 82.3 (July 1987) 614-24.

35   I assume that the printer is reckoning *a nativitate Domini* and not *ab incarnatione Domini* (see A. Cappelli, *Cronologia, cronografia e calendario perpetuo* (Milan 1906) xviii), and therefore that the year of publication was 1541 and not 1542. Bernardino de Viano de Lexona [Lissona] Vercellese was active in Venice from 1520, when he printed an edition of Persius Flaccus, to 1543, when he brought out an edition of Savonarola's *Prediche*: see E. Pastorello, *Tipografi, editori, librai a Venezia nel secolo XVI* (Florence 1924) 31-2 [Biblioteca di Bibliografia Italiana, V]; F.J. Norton, *Italian Printers 1501-1520* (London 1958) 159-60 [Cambridge Bibliographical Society, Monograph No. 3]; and H.M. Adams, *Catalogue of*

Notes to Introduction

Books Printed on the Continent of Europe, 1501-1600, in Cambridge Libraries, 2 (Cambridge 1967) 730.

36 B. Fontana, 'Documenti Vaticani contro l'eresia luterana in Italia' in *Archivio della R. Società Romana di Storia Patria*, 15 (Rome 1892) 370-1. See also R. Ristori, 'Le origini della Riforma a Lucca' in *Rinascimento*, 3.2 (1952) 290 n.; and M. Berengo, *Nobili e mercanti nella Lucca del Cinquecento* (Turin 1965) 403 [Biblioteca di Cultura Storica 82].

37 Ristori, op. cit., 276 ff; Berengo, op. cit., 371-6.

38 S. Bongi, *Inventario del R. Archivio di Lucca*, 4 (Lucca 1888) 117, 146 & 246-7; G. Barsotti, *Lucca sacra: guida storico-artistico-religiosa di Lucca* (Lucca 1923), 214 & 293-5; Berengo, 373-4.

39 MS *Copia di quello che si contiene in un libro fatto da Prete Bianco Bianchi fondatore*, 7 (Archivio di Stato, Lucca: SS. Annunziata di Villa Basilica No. 1). On Villa Basilica (whence came the family of Peter Perna, who published Ochino's notorious *Dialogi XXX* at Basel in 1563), see N. Andreini Galli, *La grande Valdinievole* (Florence 1970) 75-8. On the Convent of SS. Annunziata, see S. Bongi, *Inventario*, 4, 208-9.

40 Five examples from *Prediche Nove* (Zoppino, Venice 1541) 18B, 27A, 63B, 28A & 47B: (1) 'È stato espediente (or un poco di silenzio, di grazia!), era ordinato da Dio [...]'; (2) '[...] sopra ogn'altra creatura la Madonna fece (or un poco di silenzio!), la vergine Maria (un poco di resistenza!), la vergine santa fu quella [...]'; (3) 'E però vorrei sapere (oh un poco di silenzio, di grazia!), ora ti domando [...]'; (4) 'Orsú, spurgativi un poco, e cominciaremo.'; (5) 'Ma purgativi prima bene, prestando grata udienza, e cominciaremo.'

41 'Vuoi l'esempio della sua [= del mondo] perfidia e de la sua incostanza? Al Duca di Fiorenza quanti bene, quanti ricchezze, dignità, stati, felicità, piaceri, comodità, speranza, sanità, sicurtà li promesse! Nientedimeno in un ponto ha perso ogni cosa.' Vide infra 23.

42 A. Von Reumont, *Vittoria Colonna: Leben, Dichten, Glauben im XVI. Jahrhundert* (Freiburg-im-Breisgau 1881) 196; B. Feliciangeli, *Notizie e documenti*, 246 n.

43 See *Carteggio di Vittoria Colonna, Marchesa di Pescara*, edd. E. Ferrero and G. Müller (Turin 1889) 156-61, and *Supplemento al carteggio di Vittoria Colonna, Marchesa di Pescara*, ed. D. Tordi (Turin 1892) 87-90. See also the two studies by B. Nicolini, 'Bernardino

N o t e s   t o   I n t r o d u c t i o n

Ochino, saggio biografico' in *Biblion*, 1.2 (Naples 1959) 107-8, and 'Sui rapporti di Bernardino Ochino con le città di Bologna e di Lucca' in *Aspetti della vita religiosa politica e letteraria del Cinquecento* (Bologna 1963) 9-30, especially 24-6.

44   D. Bertrand-Barraud, *Les Idées Philosophiques de Bernardin Ochin, de Sienne* (Paris 1924) 5: 'Ochin prêcha encore à Modène, Lucques, où il dut faire la connaissance de celle qui devait être sa femme, [...].' The name of Ochino's Lucchese wife is not known, but John Hooper, later Bishop of Gloucester, in writing to Heinrich Bullinger on 8 April 1549, adds in a postscript: 'I hear that Bernardine's wife exhibits herself in England both in dress and appearance as a French lady of rank,' *Original Letters relative to the English Reformation*, etc., ed. H. Robinson, 1 (Cambridge 1846) 55 [The Parker Society].

45   Nicolini, *Aspetti*, 24.

46   See Berengo, *Nobili e mercanti*, 117-46;   and P. Giordani, *La Sollevazione degli Straccioni*, ed. M. Lombardi-Lotti (Lucca 1970).

47   Vide infra 7.

48   Vide infra 8.

49   Vide infra 29.

50   Nicolini, 'Bernardino Ochino, saggio biografico', 107, and *Aspetti*, 30.

51   *Orazione ai Nobili di Lucca*, ed. C. Dionisotti (Rome 1945, republished 1994).

52   *Lettere del Cinquecento*, ed. G. G. Ferrero, second edition (Turin 1967) 427. The dating of this letter is problematic, and is given by Ferrero as '[agosto 1538]'; it seems to fall between two letters from Caro to Guidiccioni dated 13 July and 22 August 1538 respectively. This led B. Nicolini to postulate a second preaching visit by Ochino to Lucca in the summer of 1538, for which there exists no other evidence: 'Anche questa volta le sue prediche piacquero moltissimo' ('Bernardino Ochino, saggio biografico', 108).

53   G. Guidiccioni and F. Coppetta Beccuti, *Rime*, ed. E. Chiorboli (Bari 1912) 76, No. CXXI [No. LXXII in Minutoli ed.].

54   Ibid., No. CXXII [No. LXXIII in Minutoli ed.]. Guidiccioni also wrote a third sonnet

inspired by Ochino on the same occasion:

> O sante figlie de l'eterno Sire,
> Fede, Speranza e Carità, ch'avete
> spesso assalito il core, or pur sarete
> vittoriose del suo folle ardire.
> Fuggesi già l'antico uso e 'l desire,
> ché non può cosa indegna ove voi sete;
> già tra le schiere de' beati liete
> la virtú vostra mi si fa sentire:
> sí dolce adorna il dicitor celeste
> i vostri merti e sí nel vostro foco
> le sue parole e lo mio spirto accende.
> De le repulse che vi die' moleste
> il cor, che ardí soverchio e vide poco,
> duolsi e v'inchina con divote emende.

Ibid. 77, No. CXXIII (No. LXXIV in Minutoli ed.). See C. Dionisotti, introduction to ed. cit., 46 n.

55 Vide infra 44.   56 Vide infra 58-9.

57 *Delle lettere di M. Pietro Bembo* (Venice 1552) 4, 98; *Carteggio di Vittoria Colonna*, 158-9; K. Benrath, *Bernardino Ochino von Siena*, second edition (Brunswick 1892) 16-19.

58 *Delle lettere*, loc. cit.; *Carteggio*, 169.

59 *Delle lettere*, 4, 100; *Carteggio*, 172.

60 *Delle lettere*, 4, 101-2 (italics mine); *Carteggio*, 174.

61 Pietro Aretino, *Il secondo libro delle lettere*, ed. F. Nicolini (Bari 1916) 1, 129.

62 See my '*Beneficium Christi* as Index to the Language of Sixteenth-century Italian Evangelism: Assumption and Actuality' in *The Languages of Literature in Renaissance Italy*, edd. Peter Hainsworth, Valerio Lucchesi, Christina Roaf, David Robey and J.R. Woodhouse (Oxford 1988) 257-70. [Essays in honour of Professor Cecil Grayson (1920-98).]

63 Vide infra 35-6.

PREDICHE, PREDICATE

DAL R. PADRE FRATE BER

nardino da Siena dell'ordine de' Frati

Cappuccini, ristampate

novamente.

E giontovi un'altra Predica.

MDXXXXI

A SUORE ANTONINA DA VILLA BASILICA, SORELLA MIA DILETTISSIMA IN SANTO GEORGIO

Il desiderio della tua salute, colendissima Sorella mia, di tutto cotesto venerando monasterio e di tutti li eletti di Dio, me ha spinto (mercé di quel dolce Gesú, senza la cui grazia niuna cosa buona pensare non che operare possiamo) a raccogliere meglio che ho potuto parte delle prediche del R. Padre Frate Bernardino da Siena, delli Scapuccini, predicate nella chiesa cattedrale della città di Lucca, le quali veramente resonando interiore spirito vivo di Cristo, già quasi in noi estinto, e introducendoci con amorose fiamme alla cognizione della vera e solida dilezione di Cristo e del prossimo, al vero dispregio di noi stessi e del mondo con le sue concupiscenze, alla total diffidenza delle nostre proprie operazioni e alla profondissima confidenza solida e secura della divina bontà, tesoro veramente da inricchire ogni gran povertà di spirito, non conosciuto da chi è privo del divino lume, non ha voluto il clementissimo Gesú che cotesto sacro Collegio teco insieme ne sia privo.

Ricevetele adunque con quella sincera carità che vi sono offerte, né vi fermate nella lettura di esse, come la maggior parte delli insensati cristiani a' nostri tempi si fermano nelle cerimonie e operazioni esteriori, ma per mezzo di quelle, col preveniente e seguente favore di Dio, introducetevi al vivo servizio e dolce ossequio del vostro immortale Sposo, conglutinando i vostri cuori insieme nella vera, solida, semplice e sincera carità di Dio, al quale referite laude, onore e gloria, e supplicate per mia salute. E tutti li errori che in quelle troverete, a me li attribuite, che non ho bene raccolto e le ho date fuora senza saputa del detto Reverendo Padre, stretto da i giusti e santi desiderii delli eletti di Dio, e per non tenere occulto quel dono che Dio mi ha dato, acciocché io ne sia dispensatore.

Predica Prima

Infra le cose difficili, certo è difficillimo conoscere uno vero cristiano. Onde Diogene a mezzo giorno accese una lanterna, e con quella andava per la città fra la moltitudine delli uomini cercando d'un uomo. Fu domandato che andava cercando con la lanterna, essendo mezzo giorno. Rispose: - Cerco di un uomo e non lo trovo. - Li disseno ridendo: - Ohimé! noi siamo qui tanti uomini davanti a te e cerchi d'un uomo? - Disse Diogene: - Ohimé! l'uomo è razionabile e con ragione fare debbe tutte le sue operazioni; e però vado cercando con la lanterna accesa e non trovo un solo uomo razionale, perché tutti voi che vi reputate uomini non sete uomini, non vivendo razionabilmente né operando con l'uso della ragione. - [1] Cosí noi possiamo dire essere molto e molto difficile a conoscere un buon cristiano. Voglio adunque che noi vediamo in che modo debbiamo conoscere uno buono cristiano. Sarà materia utile e necessaria: prestatemi grata audienza e incominciamo nel nome di Gesú.

A fructibus eorum cognoscetis eos, dice il Salvatore nostro [2]. Da' frutti si conosce un buon cristiano, e non per la dottrina e cieca prudenza, né per fede morta, né solamente per l'abito religioso, né per cerimonie e operazioni morte; ma sí bene per li frutti della fede e del vivo Spirito, i quali Paulo li descrive, dicendo: - Li frutti dello Spirito sono pace, l'allegrezza, pazienza, longanimità, pietà, benignità, mansuetudine, fede, modestia, continenza, castità - [3]. E questi sono i frutti del cristiano vero, e non la dottrina e cieca prudenza, fede morta e operazioni morte, la fede de' quali certo gli è poltrona e oziosa. Sono molti che sono dotti e sanno le Epistole di Paulo, li articoli de la fede, e dicono bene, e non fanno: di quelli si salveranno le belle parole e i belli detti, ma l'anima e corpo perderanno. Sai bene che la invernata né la primavera non si conoscono li arbori, ma nel autunno da i

3

frutti; cosí il vero cristiano non si conosce nello battesmo, né in ne le cerimonie, ma a' frutti vivi de la viva fede e de lo vivo Spirito.

Non omnis, qui dicit mihi Domine, Domine, intrabit in regnum cælorum [4]: cioè, Non ognuno che mi dirà - Signore, Signore! - entrerà nel regno de' cieli. Vuoi tu conoscere da te stesso chiaramente se sei cristiano o non? Piglia una bilancia e apri, cristiano mio, il petto tuo per mezzo, e tieni la bilancia in mezzo e attendi se la pende o declina alla destra o alla sinistra: cioè, se maggiore amore hai a Dio o alli figliuoli, a te stesso o al mondo con le sue concupiscenze. Se hai maggiore amore a Dio, allora sei perfetto cristiano e veramente credi. Ma ehimé! che dirò di quelli che li minor pensieri che abbino è pensare a Dio e alla carità del prossimo, dove giace la perfezione cristiana? - alli quali le ricchezze, li figliuoli, l'amore del secolo, disfrenati desiderii, l'amore proprio e il proprio volere e comodo [sono] e la lor Trinità e il lor Cristo?

Né in le opere morte solamente consiste [la perfezione cristiana, ma nelle opere vive fatte] a fede viva. [I perfetti cristiani adunque non debbeno essere superbi] a guisa del fariseo, il quale diceva giustificandosi - Non sono come gli altri uomini - [5], ma umili con Gesú, il quale dice: *Cum feceritis hæc omnia, dicite quia servi inutiles sumus* [6]: cioè, Quando averete fatto ogni buona operazione che fare può un buon cristiano, dite che siate servi inutili e senza alcun frutto [7]. Imperocché se Cristo ti spogliasse di tutti i suoi doni, li quali per sua liberalità ti ha donato, che cosa aresti di tuo se non una moltitudine infinita di peccati, bruttezze e infirmità senza numero? E però la perfezione de la vita cristiana non consiste solo nelle opere morte, ma nelle opere vive della viva fede.

Cristo adunque debbe essere come il cuore nel corpo e il capo; imperocché tutte le membra del corpo espuoni per difendere il cuore e il capo, cosí debbi esporre il corpo tuo e tutto quello che possedi, e tutte le cose che sono sotto il cielo dispregiare per non offendere il cuore e il capo - cioè, Cristo, tuo tesoro e sposo. Ohimé! che se tu conoscessi la bontà di Dio in te, e la gloria e le ricchezze infinite le quali Dio ti ha preparato nella futura vita, certamente tu dispregeresti queste cose vili, caduche, frali e momentanee, sí come dispregia un pontifice, un cardinale e un principe nuovamente creato, il quale con allegrezza distribuisce tutto quello che possede nel suo regal palazzo, avendo a ricevere molto maggiori e piú preziosi premii e ricchezze. Cosí se veramente tu credessi la futura vita tanto felice e degna, e i beni invisibili grandi e infiniti i quali t'ha preparati Dio, ohimé! tutte queste cose basse le reputaresti vilissime e come sterco per guadagnare Cristo, e troveresti la vita ne la morte, l'allegrezza nel pianto, le ricchezze nella povertà, il dolce nello amaro, le comodità ne i disagi: e cosí saresti veramente cristiano.

Imperocché dice Paulo: *Quos præscivit, hos et prædestinavit conformes fieri imaginis filii sui* [8]: cioè, Quelli che Dio ha prescito, gli ha predestinati conformi alla immagine del suo Figliuolo, non solamente in fede morta, ma che nella imitazione della vita di Cristo siano conformi, il quale Figliuol di Dio dispregiò tutte le cose del mondo per mostrarci la strada evangelica e la perfezione cristiana ove consiste. Imperocché la fede viva, la quale opera per dilezione, fa operazioni e non sta oziosa, e a guisa d'argento vivo sempre si muove, operando frutti di Spirito e di viva fede da li quali e per li quali frutti certamente si conosce un perfetto cristiano.

Adunque non per esser battezzato e dotto, non per fede morta, né per cerimonie solamente si conosce il cristiano: ma che dice il nostro Salvatore? - *A fructibus eorum cognoscetis eos.* Da i frutti vivi della viva fede e del vivo Spirito si conosce il vero cristiano, i quali frutti ti conforto, cristiano mio, con tutto il cuore, che gli domandi a Dio con umil cuore, acciocché tu sia felice in questa vita e in nell'altra.

Predica Seconda

Diliges proximum tuum sicut te ipsum [1]

Varie essere le specie della amicizia, la esperienza cel dimostra. Alcune sono delli piaceri terreni e flussibili, come quelle de' gioveni; altre delle cose inoneste e brutte, e queste sono de' cattivi; altre delle cose oneste, come quelle de' virtuosi. Ma il proprio della vera, solida, stabile e sincera amicizia è in Cristo Gesú, la quale opera per dilezione del prossimo, dalla quale dilezione del prossimo oggi voglio parlare teco. Sarà materia utile e necessaria: prestatemi grata audienza e incominciamo nel nome di Gesú.

In tutte le infirmitadi principalmente bisogna rimuovere la occasione. Imperocché la rogna non si toglie via né si rimuove del tutto con l'unzione; ma il perito e dotto medico che fa? - ordina e puone li remedii circa il fondamento per estinguere l'occasione, la quale occasione rimossa, subito la rogna casca. Cosí certamente circa alla perfezione della vita cristiana: non solamente per cerimonie, abito religioso, confessione e comunione (le quali cose certamente sono ottime, se le sono congiunte con la carità) si conosce un perfetto cristiano, ma sí bene in tôrre e levar via l'occasione la quale si separa o si può separare dalla carità di Dio e del prossimo, la quale occasione è l'amor proprio. Però bisogna, anzi t'è necessario, sbandire e cacciar da noi e al tutto spogliarci del proprio amore, e vestirci dell'amor di Dio e del prossimo, e cosí incominciare ad affrontare il reggimento di se stesso. Perché colui che non sa reggere se stesso e governare, come è possibile che sappia reggere e governare la sua famiglia, la repubblica, i suoi sudditi e il suo gregge? [2] Imperocché colui che a se stesso è cattivo, a chi vuoi tu che sia buono? Perché se stai curvo e piegato al sole, l'ombra tua ancora sarà

6

Predica Seconda

certamente curva e piegata; e se non ti rizzi su, né l'ombra ancora sarà diritta. Cosí se prima non reggi e dirizzi te stesso, non amerai né edificherai mai il prossimo tuo.

Oh pastori delle anime, oh sacerdoti, oh principi, oh padri e madre attendete! Oh giudici, dottori e magistrati, dirizzate e reggete prima voi medesimi! Imperocché sí come dal primo mobile hanno origine e virtú tutti li altri cieli inferiori, cosí da la carità di Dio e del prossimo tutte le altre virtú hanno origine e principio. E però se non hai conosciuto Dio nel presepio, né in croce, né in nella sua gloriosa ascensione, conosci la sua bontà, il suo decoro e suprema bellezza in nelli poverini, creature di Dio redenti col suo prezioso sangue, tuoi fratelli, quantunque siano sordidi, stracciati, infermi e puzzolenti, dando loro e con lieta fronte e cuore infiammato distribuendoli le tuoi sustanze, le quali non per altro te le ha date Dio, salvo che oltra la tua necessità ne sia dispensatore a' poverini, anzi a Cristo Gesú.

Ohimé! se Cristo tuo redentore, tuo fattore e creatore venisse in propria forma a domandarti da mangiare, da bere e da vestire, saresti tanto impio, crudele e ingrato che tu li negasse quello che mai negaresti a un tuo amico carnale, e quello che propriamente è suo e non tuo? Ahimé, cristiano mio, non credi tu a Cristo? Non ti fai nominar cristiano? Non credi all'evangelio, che sono parole di Cristo Gesú, il quale dice: *Quod uni ex minimis meis fecistis, mihi fecistis* [3]: cioè, Quello che fate a uno de' mia minimi poverini, lo fate a me? Perché sotto quello abito vile, sotto quella sordidezza, sotto quella infermità e puzza vi è Cristo Gesú dolce. E però li occhi carnali attendino alla infirmità e vegghino la viltà del poverino, ma li occhi dell'intelletto tuo, cristiano, risguardino Cristo mistico con tutta la sua maiestà in quel poverino sotto quel velame vile.

Oltra di questo, se il prossimo tuo ti ha fatto innumerabili ingiurie, o

Predica Seconda

siano grandi o siano piccole, o vuoi nella roba o nella persona, ah! cristiano mio, se sei veramente cristiano, se hai punto di fede, fanne un presente a Dio non solo di quelle che ti sono state fatte, ma prometti ancor al tuo Gesú di farli un presente di tutte le ingiurie e dispiaceri che ti saranno fatte in tutto il tempo di tua vita. Imperocché se tu cerchi vendetta, conculchi e dispregi il sangue di Cristo Gesú, come se tu negassi e dicessi che Cristo non abbi sparso il sangue per una tale ingiuria, e che lui non possi né vogli perdonarli - e però tu abbi ardire volerla vindicare!

Ma ohimé! che dirò io di quelli impii e falsi cristiani che abbondano di ogni cosa e nientedimeno permetteno piú presto i poveri morir di fame che i lor cani e le lor mule? Ahimé, che al tempo de la carestia [4] mi ricordo averne veduti tanti senza numero morir di fame, che a pena potevono parlare, e nientedimeno stavano per le strade e alle porte delle chiese dove passavano quelli ricconi, prelati e secolari, carichi de la roba de' poveri, e carichi di anella, pieni d'oro e di veste di seta, e nondimeno non li volevano pur vedere; e le lor chiese e case erano opulentissime e ornatissime in tanta superfluità di veste d'oro, di argentaria e tanti calici; e coprir volevano e vogliono piú presto le mura di Cristo dipinto che ricoprire e aiutare Cristo mistico vivo ne i poverini: li quali certamente non sono cristiani, ma ipocriti e falsi cristiani. E nientedimeno mi ricordo pure aver letto che i santi nella primitiva Chiesa opravano i calici di legno, e ignudavano e spogliavano li altari - vendevano fino al bussolo d'argento dove stava il sacramento per aiutare i poverini, sapendo che era scritto: *Discite quia misericordiam volo et non sacrificium* [5]: cioè, Imparate, cristiani, che piú mi è grato la misericordia che il sacrificio.

Cento parole e ti spaccio. *Sicut te ipsum*. Amerai il prossimo tuo, dice il Salvatore nostro, come te stesso. Non disse - Amerai il prossimo tuo come o quanto amò Piero, o quanto lo amò Paulo, o li altri apostoli - ma - Come te stesso -; perché se avesse detto - Amerailo quanto lo amò Paulo - ti aresti potuto scusare davanti a Dio che tu non avessi potuto sapere o al tutto conoscere quanta fu la dilezione di Piero o di Paulo verso il prossimo. E però per rimuovere ogni scusa disse - Amerai il prossimo tuo come ami te stesso -.

Or considera, cristiano mio, in che modo ami te stesso, come provvedi alle tuoi necessità, come hai compassione a te e tutto quello che vorresti che fusse fatto a te stesso quando hai di bisogno. E però attendi diligentemente e considera quello che hai fatto e fai, ovvero far pensi, al prossimo tuo, e se sei veramente cristiano o non. E se credi - ohimé! - a un tuo amico carnale, quanto maggiormente debbi credere al tuo Cristo, al tuo Salvatore, il quale dice: *Quæcumque vultis ut faciant vobis homines et vos facite illis* [6]: - cioè, Tutto quello che volete che li uomini faccino a voi e voi fate a loro? Egli è Cristo quello che tel dice, cristiano mio: non sono io, non è la prudenza carnale, non sono filosofi né maestri umani: egli è il tuo Redentore.

Debbi adunque amare il prossimo tuo come te stesso, e dico piú oltra che sei obbligato ad amare il prossimo tuo spiritualmente con maggior dilezione che te stesso, tanto piú quanto lo vedi e conosci miglior di te. Onde quel proverbio che dice *La prima carità comincia da se stesso* è falso. Or vedi tu, prelato, nel dispensare i tuoi beneficii, che sei obbligato dispensarli non considerando solamente a questo falso proverbio, ma che li dispensi a chi è migliore e piú atto a essere vero ministro di Cristo. Or pensa al fatto tuo, e tu che ti ritrovi al governo della tua Repubblica e nel tuo Senato a dispensare li officii della città, o in fatti o in parole, e che ti hai fatto una legge d'un falsissimo proverbio qual dice che li suoi, o a torto o a ragione, si debbeno aiutare; e io ti dico che se fussi un tuo inimico il quale fusse idoneo a quello officio secondo Dio e il bene della tua Repubblica, molto piú che un tuo figliuolo, fratello o amico sei obbligato favorire in tutto e per tutto quel tuo inimico, sendo piú idoneo, che il proprio figliuolo.

9

Predica Seconda

Or considera, cristiano mio, come ti trovi nella osservanza di questo comandamento, e se ti trovi lontano, approssimati a questa strada evangelica e piú non indugiare. Perché se tu mi dicessi: - Oh padre, io vado alla chiesa spesso, piglio di molti perdoni, dico ogni giorno mia corona, le mie devozioni, sono della tale e della tale compagnia, odo messa ogni giorno, mi confesso spesso e mi comunico; come io sento che ci è un padre da bene io piglio la sua amicizia - altro, cristiano mio, ci vole! Non dico che le predette cose non siano ottime e santissime quando le sono fatte in carità di Dio e del prossimo; ma fa ciò che tu vuoi e non abbi carità, invano certo ti affatighi.

Sai tu come ti interverrà? Come interviene al topo quando è preso dal gatto: ché vedi che il gatto, poi che l'ha in bocca, lo lassa andare e lo ammette e incita ch'el fugga e vada in qua e là, né se ne cura, anzi se ne piglia piacere, sapendo certo che non li scapperà delle mani e che al fine sel mangerà. Cosí il diavolo non ha per male che tu vadi alle messe, ti confessi e comunichi spesso, edifichi monasterii, facci delle cappelle, de' belli paramenti d'altare (e con l'arme tua drento, come se Cristo non s'accorgesse che l'hai fatto tu se non vi vedesse l'arme tua e il tuo nome), facci dire delle messe assai, pigli de' giubilei in infinito, e che tutto ti carichi di cerimonie e operazioni morte e siano nondimeno senza carità, e dipoi tu non ami il prossimo tuo come te stesso per amor di Dio, anzi lo dispregi, li succhi il sangue con infinite esortazioni, facci vista di non vederlo ne' suoi affanni e ne le suoi angustie. Anzi li è grato al demonio che tu facci le predette cose tutte, e cerimonie e operazioni che paiono sante e siano poi senza carità, securo e sperando indubitatamente averti poi a devorare e mangiare nell'inferno.

Nella primitiva Chiesa non erano tante chiese materiali, tanti superflui ornamenti e superflue spese nelle chiese; e in Hierosolima, città tanto grande e famosa, vi era solo un tempio dove non erano tanti vasi sacri, tante superfluità e tanti paramenti varii e di piú sorte quanti ne sono ora a' nostri tempi. E li

10

poveri, anzi Cristo ne i poveri, è disprezzato. Deh, dimmi un poco, cristiano mio: sel fusse un poverino che morisse di fame e ti domandasse un pane, ovvero sel fusse nudo ti domandasse una veste da cuoprirsi, e tu lo menassi a un dipintore e che tu lo facessi dipingere: quel poverino, dimmi, non direbbe: - Non voglio che tu mi facci dipingere, e non ti domando cotesto; io voglio del pane - direbbe - che mi muoio di fame, e da coprirmi, che mi muoio di freddo -? Cosí Cristo: non immagine, non chiese, non cappelle, non superflui calici, ornamenti e paramenti nelle chiese materiali, ma che tu lo nutrisca e vesti vivo nel poverino vivo, tempio suo. Non che io biasimi li predetti ornamenti nelle chiese, anzi li laudo. *Sed hæc oportet facere et illa non omittere* [7]: cioè, Questo bisogna fare e le altre cose non lassare. Ma dico bene che i poverini si debbeno anteporre e mettere avanti a queste cose.

Ma ahimé! che dirò io de' pastori de le anime i quali con il verbo di Dio e con lo esempio e con le entrate (eccetto il vitto e vestito loro parcamente preso) debbono suvvenire alle anime de' prossimi loro, come son tenuti e obbligati? E nondimeno pare che di ogni altra cosa, quantunque minima, piú si curino. Oh che impietà grande! Oh che eccessiva ingratitudine! Imperocché se un padre di famiglia, il quale avesse ad andare in longo paese e facesse testamento e istituisse tutore de' suoi figliuoli un suo molto familiare, il quale lo chiamasse e con tenerezza di cuore li dicesse: - Per la fede che io ho in te, ti do in cura, ti lasso e raccomando i mia figliuoli, li quali sono gli occhi del capo mio e il cuor mio. E oltra le altre cose, ti prego che tu li istituisca nella via di Dio e allevi nel suo timore; e acciocché tu non sia impedito da tale officio per averti a guadagnare il vitto e vestito tuo, per il che tu non potessi avere diligente cura di loro, io ti lasso di molti beni per li quali tu possi vivere e vestirti. - Cosí Cristo Gesú, avendosi a partire dalli figliuoli suoi con la presenza, fece il suo testamento e raccomandolli a Pietro e a' pastori suoi successori, dicendo con intimo e profondo cordiale affetto: *Si amas me, pasce pasce pasce oves meas* [8]: cioè, Se mi ami, Pietro, in questo

Predica Seconda

io lo conoscerò che tu paschi le mie pecore con la mia parola, con le superflue entrate; demostrando e volendo innuire il pio Gesú che niente se li può far piú grato che pascere il suo gregge e amare il prossimo.

E dirò questa parola: che Iddio non accetta il tuo amore, li tuoi sacrificii, se tu lo amassi con maggiore e con piú acceso amore che non amò Maria Maddalena, e che con tutte le perfezioni - brevemente - della carità tu lo amassi, non amando il prossimo per amor suo e non lo soccorrendo e aiutando ne' suoi bisogni con cordiale affetto per amor di Cristo. Non li è grato niente, fa' pur ciò che tu vuoi, perché cosí come non vuole che tu ami il prossimo senza lui, esso non vuole essere amato senza il prossimo. Imperocché, deh, dimmi un poco: se tu mostrassi a un padre tutti quelli segni di amore e di vera amicizia che mostrar si possono, e dall'altra banda tu avessi in odio, facessi ingiuria e dispregiassi il suo amato figliuolo, ti domando se li sarebbe grato la tua amicizia, né i tuoi doni? E però dona il tuo amore insieme con le superflue sustanze a' poverini per amore del tuo Cristo, le quali superflue sustanze, cristiano mio, non sono tuoi e te le usurpi, credi a me, perché le sono de' poveri. Onde se i poveri facesseno un procuratore - nota questa parola - e che avesseno un giudice giusto, e piatisseno e domandasseno tutto quello che hanno di superfluo i pastori e li ricchi, senza dubbio alcuno averebbeno la sentenza in favore, e averebbeno ad avere, come ho detto, per giusta sentenza e giusto giudicio tutto quello che hanno di superfluo i pastori e li ricchi.

Or, cristiano mio, entra nel tenebroso carcere del tuo cuore, e vedi ove ti trovi e quanto lontano dalla tua salute e dalla vera strada evangelica, e di': - Ehimé! *Quid enim prodest homini si universum mundum lucretur animœ vero suœ detrimentum patiatur? Aut quam dabit homo commutationem pro anima sua?* [9] -: cioè, Che mi gioverà guadagnare tutto il mondo e l'anima mia patisca detrimento? Ovvero qual commutazione darò io per l'anima mia? Ho presto presto a lassare ogni cosa e condurmi davanti a Dio a renderli conto

12

particolarmente della carità del prossimo, se li ho con amore dispensato le mie sustanze superflue: e questo è certo e non può mancare. E però rendi a' poverini quello che giustamente è loro! Emenda i tuoi errori, cerca le ricchezze e i tesori celesti se appetisci vera gloria e solide ricchezze, amando il prossimo come te stesso, acciocché tu sia felice in questa vita e in nell'altra.

Predica Terza

Egli è difficillimo certamente, cordialissimi in Cristo Gesú, amare con perfetta carità quello infinito, puro, sincero, solido e perfetto Bene, imperocché gli è somma bontà senza malizia, sapienza senza ignoranza, verità senza errore. È difficile, dico, a quelli che serveno e servir vogliono piú presto alle creature che al Creatore, perché egli è difficile avere in odio l'anima sua, il padre e la madre, la moglie, li figliuoli, le possessioni, abbandonare la propria volontà e dispregiare tutte le cose che sono sotto il cielo, come cotidianamente provi. Ma conciosiacosaché quello il quale è in carità dispregia tutte le sopraddette cose, adunque è difficillimo acquistare tal somma carità a quelli che sono congionti col mondo. E a questo proposito dice il Salvator nostro: *Arcta est via quæ ducit ad vitam* [1]: cioè, Stretta e molto difficile è la via la quale ci conduce alla vera vita. E nientedimeno tu, falso cristiano, la allarghi!

Ma chi ha dispregiato e abbandonato per amor di Cristo tutte queste cose vile, basse, frali, caduche e momentanee, a questi la via è facilissima, imperocché tutte queste cose sopraddette reputano come sterco e fango, e facilissimamente le dispregiono. E a questi dice il Signore: *Iugum enim meum suave est et onus meum leve* [2]: cioè, Il giogo, la servitú mia è

leggerissima, e il peso mio soave, giocondo e tutto dolce: dalla quale
vera carità, e in che modo si possi acquistare, oggi voglio parlar con
teco. Sarà certamente materia utile e necessaria: prestatemi grata audienza e
incominciamo nel nome di Gesú.

Noi conosciamo Dio per una dotta sapienza, come quando noi vediamo - e
con gli occhi corporei risguardiamo - tutti i beni che sono sotto il cielo, e
diciamo con Agostino: *Si tanta Deus nobis præparavit in carcere, qu[i]d fiet in
palatio?* [3]: cioè, Se il vivente Iddio tante grandi e belle cose ci ha
apparecchiato in questa valle di miseria e in questo tetro e oscuro carcere,
ohimé! quali e quante maggiori debbono essere nel suo celeste palazzo? E se
qui noi vediamo una stella e un minimo quattrino del suo tesoro, che debbe
essere esso tesoro ed esso Iddio? E cosí [debbi] amare le creature in Dio, e
non ti riposare in quelle col tuo amore, né reflettere l'amor di Dio in te, ma,
rimosso e staccato il proprio amore, dire con David: *Delectasti me, Domine,
in factura tua et in operibus manuum tuarum exultabo* [4]: [cioè,] Tu, Signore,
m'hai dilettato nella tua fattura e in questa fabbrica di questo universo. E cosí
dire con Paulo: *Invisibilia enim ipsius a creatura mundi, per ea quæ facta sunt
intellecta conspiciunt* [5]: cioè, Per mezzo della creatura dell'uomo e di tutto
questo ordine dell'universo, noi possiamo e dobbiamo venire in cognizione
delle cose invisibili di Dio. E cosí in questo libro i dotti e li indotti possono
conoscere Iddio.

Ma ahimé, cristiano mio, che sei tanto ingrato e insensato che col tuo
amore ti riposi in queste creature! Tu ricco nelle ricchezze! tu lussurioso nel
fango della tua lussuria! tu superbo nelli onori e ambizioni! tu dotto nella tua
cieca prudenza e dottrina! tu padre e madre nello amore de' tuoi figliuoli! tu
insensato nel proprio amore di te stesso! E cosí dispregi il Signore e fai stima
del servo, ti accosti alla creatura e abbandoni il Creatore! Dispregi e commuti
l'oro ed eleggi il piombo, e doni il tuo amore al servo che ti ha portato e porta

14

Predica Terza

i doni, e non al Signore, che te li ha mandati e manda, e dal quale ogni cosa di
buono che hai e vedi procede e deriva.

Ohimé! non ti confondi, cristiano mio, a donare (come ho detto) l'amor
tuo al servitore che ti porta i doni, e non al Signore che gli dona e manda
per il suo servo? E in questo modo fu conosciuto Iddio dalla prudenza
umana, da' filosofi e dai dotti *qui evanuerunt in cogitationibus suis et stulti
facti sunt* [6]: li quali filosofi e dotti, con la loro cieca prudenza e vani
pensieri, sono diventati stolti. E questo certamente non basta: altri ci vole
a conoscere Iddio che questioni filosofiche e dottrine vane, se non si va
piú oltra. Imperocché se i dotti solamente acquistasseno la carità di Dio, li
indotti e i semplici in che modo farebbeno? Ma non è cosí: ci è ben gran
differenza. Imperocché sono molti che conoscono Iddio solamente per scienza
e umana dottrina, e non per gusto della soave carità. Verbigrazia, il dotto
studia e legge, e leggendo trova che il mele è dolce, ma non ha gustato né
assaggiato la dolcezza e soavità del mele. Cosí la cieca e carnale prudenza con
la sua vana dottrina e suoi inutili questioni, argomenti e contenzioni:
conoscono la potenza, la bontà e sapienza di Dio, e hanno solo cognizione della
immensa carità sua, e nondimeno non la provono i loro stessi, né manco la
gustano.

Ma l'indotto, semplice e buon cristiano per fede le crede piú certe che
s'elli fussene presente, e tutto innamorato, acceso, infocato della carità di Dio,
in quella tutto si rilassa, in quella si esercita, e tutto ebrio e sazio si dimentica
di se stesso; e trasformato tutto in fiamma di vera carità, non teme, non
l'offende alcuna cosa creata e nociva; e non piú è uomo terreno, ma celeste,
né piú la sua conversazione in terra, ma in cielo. E però nella dotta
ignoranza piú securamente si conosce Iddio e si ama, onde Agostino diceva:
*Surgunt indocti et rapiunt cœlum, et nos in nostris doctrinis trahimur ad
inferna* [7].

Predica Terza

Imperocché quando tu non ti reputi col tuo intelletto né con la tua scienza poter conoscere Iddio, allora tu conosci Iddio. E quando tu ti disfidi non poter penetrare né comprendere la sapienza, bontà e potenza sua, allora, sendo umile nel cospetto del tuo dolce Signore, lo conosci. Ed esso amoroso Gesú ti si dà a conoscere, tanta efficacia e potenza ha la virtú dell'umiltà appresso di lui. Onde la Chiesa canta della Vergine: *Quem cœli capere non poterant tuo gremio contulisti* [8]: [cioè,] O Vergine gloriosa, Quello che i cieli contener non possono, tu col favore della profondissima umiltà l'hai conosciuto, contenuto nel gremio tuo e bracciato con le tue pudicissime braccia.

Deh, cristiano mio, puoni mente un poco, ti prego: quando egli è un bel tempo sereno e l'aria purgata da ogni nebbia, la sera, raccolto in te stesso, alza gli occhi e considera il cielo con l'ornamento del sole, luna e stelle, quanto sia bello, e di': - Ohimé! se il palazzo del mio dolce Signore da lontano, con tanta incomprensibile distanza, si vede tanto bene ordinato senza alcuno errore, e dall'universo di fuora si comprende e si vede e mostrasi a gli occhi nostri tanto bello, ahimé! che sarà poi a vederlo di drento con tutti li spiriti beati? E che sarà a vedere esso Iddio a faccia a faccia, ove per Cristo Gesú posso andare ad abitare eternalmente? - E cosí incrudelirai verso te stesso che per il tempo passato ti sia involto in questo sterco e fango, e ti vergognarai per l'avvenire non ti dar tutto a saccomanno a Cristo.

E in questo modo l'uomo s'accende d'amor di Cristo e conosce Iddio. Similmente nelle sacre lettere umilmente intese e gustate con interiore spirito si conosce Iddio, e non con questioni filosofiche per conseguitare una acuità e sottigliezza di ingegno, studiare per ostentazione e per sapere e per essere saputo, ché a questo modo non si conosce Dio. Ma a guisa d'un fanciullino, il quale corre con fervore alle poppe del petto della sua madre e succhia il latte e le abbraccia insieme col petto tutto, né guarda se gli è rosso o bianco, ma solo attende con fervore a gustar il latte, cosí debbe fare il cristiano quando vuole studiare: andare non a filosofi, né ad altre profane scienze, ma al fonte del dolce latte, che è la sacra scrittura; e andarci umile e con fervor di spirito, per gustare e conoscere la bontà di Dio in verso di noi, e la ingratitudine nostra verso di lui, e per conseguitare uno acceso lume per scorgere il vero sentiero e la vera strada che ci conduce all'amor di Dio, e per poterla insegnare e mostrare al prossimo nostro, e non per altro fine. E dir con Paulo: *Contentiones et questiones inutiles devita* [9].

Nelle tribulazioni ancora facilmente si conosce Dio, e nelle prosperità, dicendo col serafico san Francesco: *Deus, De[us] meus, es mihi omnia in omnibus* [10]. Diceva san Francesco innamorato del suo dolce Redentore: Oh Dio mio, Dio mio, tu mi sei ogni cosa in tutte le cose, cioè, in tutte le cose, Signor mio, io conosco la tua bontà, la tua mano e la tua somma provvidenza. Imperocché se tu mangi, egli è Dio che ti dà la sanità che puoi mangiare e che ti somministra il cibo e le forze e lo ingegno da poterlo procurare. Se obbedisci al tuo prelato o al tuo superiore, di': - Egli è Dio mio che parla in lui e che mi comanda -. Se odi la parola di Dio, di': - Egli è il mio Dio che parla e mi predica -. *Non enim vos estis qui loquimini* [11]. Se perdi tutte le cose create - le ricchezze, li figliuoli e tutto quello che si può perdere in questo mondo - se patisci persecuzioni, ingiustizie e ogni sorte di tribulazione che si può patire in questa fragil vita, *Deus est tibi omnia*. Imperocché per la sua immensa bontà permette che tu patisca tal tribulazione per preservarti e scamparti da quella grande ira e tribulazione eterna della quale parla Paulo: *Ira et indignatio, tribulatio et angustia in omnem animam hominis operantis malum* [12].

E però in tutte le sorte di tribulazioni, con Giovanni Evangelista esistente nella nave e vedendo il Signore dalla discosta [13], lassa la nave e abbandonala del tutto, dicendo: - Egli è il Signore che mi visita per sua benignità -. E fateli incontra e abbraccia le tribulazioni e accettale con lieto cuore come doni e presenti del tuo clementissimo Signore, e di' con Iob: *Si bona suscepimus de manu Domini, mala autem quare non sustineamus?* [14]. E se hai perdita ne' figliuoli, nella roba, nell'onore e in tutte le cose, di': - Ohimé! se Iddio ha dato il suo Figliuolo con tutti i suoi tesori in mia e per mia salute, quanto maggiormente mi darebbe un figliuolo, se io non ho figliuoli, né mi avrebbe tolto il figliuolo, la roba, l'onore, lo stato, la dignità e la sanità, sel fusse stato espediente alla mia salute -. *Et sic diligentibus Deum omnia cooperant in bonum* [15]: cioè, E chi ama Iddio, ogni cosa gli coopera in bene.

E di' piú oltra, quando ti occorra qualche cosa contraria alla tua volontà e al proprio amore: - Ohimé! perché manco nell'amore di Dio? Imperocché se Dio ha dato in mia salute il proprio Figliuolo con tutti li suoi tesori, credi, anima mia ingrata, che ti negasse un quattrino, sel fusse espediente alla tua salute? -. E però di' col profeta: *Benedicam Dominum in omni tempore, semper laus eius in ore meo* [16]: cioè, Benedirò il mio Signore in ogni tempo, o siano tribulazioni o siano prosperità, sempre laudar debbo il mio Signore, perché da esso sempre perviene infallibilmente ogni bene, e tutto permette per mia salute. E cosí facendo, troverai la via nella morte, la sapienza nella stoltizia, l'allegrezza nel pianto, la felicità nella infelicità.

Vergognisi adunque uno impuro e infangato trattare e maneggiare essa purità e mondezza; cioè, se sei cristiano, vergognati amar Cristo, somma purità, affiso e involto in questa impurissima creatura e terreni affetti. Ohimé! se Nicodemo e Iosef, tutti duoi giusti, e Giovanni Battista puro non avevono ardire toccar Cristo, e se li angelici spiriti con tanta reverenza ministrano e serveno al vivente Iddio, quanto maggiormente tu debbi spiritualmente servire a esso Iddio, e non servirlo con tanta poca considerazione e con tanta impurità e con tal servitú che ti vergogneresti servire un signore temporale e una corruttibile creatura! Non credo, cristiano mio, ritrovarsi - né che mai sia stato - in questa città alcuno tanto superbo e tanto elato il quale abbi mai avuto né abbi per male se, dimentre che va per strada e che si ferma al sole, l'ombra del corpo suo è imbrattata e scalcata: non certo! E questo perché? Perché gli è ombra; però non se ne cura.

Cosí se tu considerassi, oh cristiano, che sei ombra in questa vita (come dice Iob: *Qui quasi flos egreditur et conteritur et fugit velut umbra* [17]) e che le ricchezze, i piaceri e tutte le cose create sono ombre, certamente non averesti per male quando ne fussi privo, e lo dispregeresti come cose che hanno presto a mancare, e le quali hai al tutto in breve a lassare, vogli o non vogli. E questo ha permesso Iddio per dimostrarti che di quelle non ne sei padrone ma dispensatore, e però non puoi portar conteco. Tesaurizza adunque tesori in cielo, e a guisa de' duchi, de' signori e principi, manda i carriaggi avanti a te e non li lassare a dirieto, ché non ti gioveranno poi nulla.

Ehimé, che Iddio ti ha fatto padrone delle cose tuoi, cioè ricchezze e sustanze, acciocché tu le possi portar con teco e tu, ingrato e inimico di te stesso, le lassi e recusi di portare con teco, né ci pensi, poverino! Ohimé, che tanto ti affatichi tu, ricco, per assicurare le tuoi mercanzie, e allora sei quieto e riposato quando le hai in luogo sicuro, e nondimeno tal seguritade è falsa e non vera! Ma segurarle in mano de' poverini di Cristo - vero, solido e sicuro deposito - non solo non lo cerchi, ma te ne fai beffe, come l'esperienza cotidiana cel dimostra. Donde proviene adunque un tanto errore? Non di altro, certo, salvo che non hai fede in Cristo, né ti fidi di lui a darli in deposito il tuo come ti fidi - ohimé! - d'uno mercante ricco e uomo terreno.

Alcuno dirà: - Oh sozio, ho fede e carità, e che io abbia volontà di volere adempiere e fare tutte quelle cose che mi dici, Padre, basta che nell'ora della morte io ricorri e ricerchi la misericordia di Dio e la sua bontà, la quale è abbondantissima e infinita, come dici e predichi, e la troverò e né mi mancherà mai. - Oh misero e infelice, tu erri del tutto e t'inganni! Di mentre

19

Predica Terza

che sei in via sei viandante: manda, manda avanti le some e i carriaggi!
Imperocché dice Agostino: *Invisa diligere possumus, incognita nequa-
qu[am]*[18]: cioè, Ancora che tu non vegga uno uom da bene e virtuoso, lo puoi
amare, conoscendolo per fama e nome di virtuoso e buono; ma non
conoscendolo, non è possibile che tu lo possi amare. E però se non hai
conosciuto Iddio nella obbedienza e osservanza de' suoi precetti e
comandamenti incominciando ora, in che modo lo [19] puoi amare?

E dirò questa parola: Se tu credessi perfettamente, cristiano mio, la
bontà di Dio esser tanta e tale che nell'ora de la morte ti avesse a perdonare
tutti i tuoi peccati, certo certo ti dico che romperesti ogni indugio e,
ora ora mosso a penitenza, tutto ti staccaresti da questo falso mondo con
tutte le suoi concupiscenze e tutto ti trasferiresti nel suo dolcissimo amore.
Ma ohimé! che non credi quello che tu dici, cioè, che Dio per sua bontà
non sia per mancarti nell'ora e nel ponto della morte. E però manda,
manda avanti le some e carriaggi delle buone opere e non indugiare!
Imperocché così e con la predette cose potrai acquistare la perfetta carità
di Dio.

Dieci parole di san Bernardino e ti spaccio. Sarebbe (a dir così)
discortesia e incivilità se, a laude di Dio e a salute ed esempio del prossimo,
io non dicessi qualche cosa di san Bernardino, italico e nato nella patria
senese e dell'ordine nostro, benché io farei il medesimo se fosse d'ogn'altro
ordine. Solo ti voglio predicare la sua immensa carità verso Dio e il prossimo
e non altro, acciocché a suo esempio tu ti accendi e riscaldi all'amore di Dio e
del prossimo, ove giace tutto il fondamento della legge nostra, e che a suo
esempio tu conosca i poverini e gli ami come tuoi fratelli e membri di Cristo,
benché ti paiano sordidi e brutti, dicendo all'anima tua: - Ohimé, anima mia,
se Cristo avesse avuto in orrore e a schifo l'obbrobriosa e puzzolente Scala
della Croce, come starebbe il fatto mio? -.

In nella tenera età, Bernardino si mostrava tanto allegro e giocondo a' poverini che per dolcezza non si poteva contenere dalle lagrime, a' quali faceva larghissime elemosine, dando loro insieme con le elemosine il suo amore. E spesso spesso diceva alla sua zia: - Deh, Zia mia cara, datemi vi prego la mia parte del pane che mi tocca a disinare - e la dava a' poverini. Volontieri udiva il verbo di Dio e le prediche, e poi tornando a casa montava in su un moricciuolo e la contava e riferiva alli altri fanciulli; li quali fanciulli, se avevono in animo o incominciato a parlare qualche parola disonesta o brutta, subito che vedevano Bernardino dicevano l'uno all'altro: - Stiamo cheti, ecco Bernardino! -. Bernardino adunque, tutto vestito di fede viva e carità perfetta di Dio e del prossimo, si spogliò della sapienza umana e della carnal prudenza, spregiando il mondo con tutte le suoi concupiscenze, ricognoscendosi debitore, non al mondo e suoi piaceri e delizie ma solamente a Gesú dolce e al prossimo e a' poverini in Cristo [20]. Ti conforto adunque con tutto il cuore che tu lo vogli imitare in fede viva, speranza e carità, acciocché tu sia felice in questa vita e in nell'altra.

Predica Quarta

Quel diletto discepolo di Cristo Gesú, la vita e scritti del quale hanno sempre spirato ardente amore di carità del suo maestro, dice a noi cristiani e a tutti: *Nolite diligere mundum, neque ea quæ sunt in mundo* [1]: cioè, Non vogliate amare, cristiani miei, il mondo, né quelle cose le quali sono nel mondo. Noi

Predica Quarta

ieri vedemmo in che modo e qual via abbiamo a tenere per inebriarci dell'amor di Cristo; oggi voglio che vediamo in che modo abbiamo a fare a dispregiare il mondo con le suoi concupiscenze, imperocché non è possibile che noi possiamo amare Cristo se noi non abbiamo in odio il mondo, del dispregio del quale voglio parlare e predicare. Sarà certamente materia utile e necessaria: prestatemi grata audienza, e incominciamo nel nome di Gesú.

Questo mondo è un mondaccio e un traditore, mancator di fede e mondo veramente d'ogni bene, infelice, pieno di miserie, ignobile, instabile, insaziabile. Le suoi allegrezze sono pianti, i suoi piaceri dispiaceri, le dolcezze amaritudine, la sua sanità infirmità espressa, la sua vita una perpetua morte. Altri mi diranno: - Oh frate, tu fai ingiustamente a dir male di questo mondo, imperocché con ragioni io lo voglio laudare e difendere. Sai bene, e non mel negherai, questo mondo essere figura e similitudine di quel mondo *ab æterno* creato nella mente divina, e tutto quello che è da Dio è buono, anzi ottimo e perfetto. Imperocché per mezzo di questo mondo noi veniamo in cognizione di quel piú perfetto mondo, cioè della patria celeste, dicendo Paulo: *Invisibilia enim ipsius a creatura mundi per ea quæ facta sunt intellecta conspiciuntur* [2]; e David: *Delectasti me, Domine, in factura tua* [3]: cioè, Tu, Signore, tu mi hai delettato nella tua fattura; e per mezzo di questo mondo ne siamo nutriti, acquistiamo scienza e abbiamo tanti e tanti beni, godiamo le ricchezze, i piaceri, consequitiamo li onori e per suo mezzo siamo promossi alle dignità. -

E io ti dico che gli è un mondaccio, traditore, mancator di fede e un grande ingannatore, e finalmente in tutto e al tutto contrario a' detti tuoi. E prima non nego, anzi confesso, questo mondo essere esemplare e similitudine di quel mondo il quale era nella mente divina, e in questo modo ottimo e perfetto, ma dalli abitatori talmente depravato che è al tutto contrario. E secondo, nego essere cagione della nostra creazione, imperocché tutte le

22

Predica Quarta

creature hanno avuto origine e principio da Dio, e le sustanze con le quali siamo nutriti da Dio e non da lui le riceviamo; perché, se mancasse un solo anno il nostro celeste Padre di non far nascere il sole e venir la pioggia sopra de la terra, ti domando se la terra né il mondo, con tutte le suoi forze, ti potrebbe nutrire e darti da mangiare? Terzo, la scienza e tutti i beni da Dio li riceviamo e non da lui. Quarto, dici che il mondo te dà tanti onori, dignità e piaceri: lassati dire che le suoi dignità, li suoi onori e ricchezze e tutte le altre cose suoi sono ombre e sogni.

Vuoi l'esempio della sua perfidia e de la sua incostanza? Al Duca di Fiorenza quanti bene, quanti ricchezze, dignità, stati, felicità, piaceri, comodità, speranza, sanità, sicurtà li promesse! Nientedimeno in un ponto ha perso ogni cosa [4]. Quante cose promesse e diede a Clemente, a Leone, ad Adriano [5], e alli altri sommi pontifici, cardinali, vescovi, imperatori, re, duchi e conti! E alli altri ancora della tua città! Nientedimeno li ha tutti ingannati, a tutti ha mancato la fede e ha tolto loro ogni cosa. Non lo conosci tu con l'esperienza quanti beni e quante cose ti ha promesse e ti ha ingannato? E se pur non ti ha ancora ingannato, ti ingannerà a ogni modo, sí come ha ingannato li altri, li quali hai veduto tu floridi e carichi di falsi piaceri, finte ricchezze e vani onori. A quel vecchio promesse longa vita, nondimeno li ha mancato e rotto la fede. Cosí la mancherà a te, vecchio, a te, giovene insensato, a te, donna vana, a te, avaro, a te, carnalaccio, come l'ha mancata alli altri tuoi passati!

Ma che dimoro io nelle creature? Veniamo a Cristo. Non ha elli persequitato Cristo nostro Redentore innocentissimo trentatré anni con acerrime e assidue persecuzioni? E finalmente l'ha perseguitato fino alla croce! Non perseguita del continuo e scaccia i buoni? Li conculca, li abbassa, li schernisce e li ha del continuo in odio! Onde Cristo dice: *Si mundus vos odit, scitote quia me priorem vobis odio habuit* [6]: cioè, Se il mondo vi ha in

23

Predica Quarta

odio, sappiate che ha avuto in odio me avanti e prima che voi. E però lassati
dire: Non li credete! Quanto dici a quello *Invisibilia enim ipsius* ecc., e
Delectasti me, Domine, in factura tua, egli è vero; ma ehimé! ché tu non ti
diletti nel Signore, ma ti riposi [7] ne le suoi fallacie, ne le suoi tenebri, ne' suoi
lacci e rete, e seguiti i rivolti de' falsi piaceri di questo mondo, e abbandoni il
vivo e vero fonte, la cui similitudine questo rappresenta ed esprime. Egli è
vero che sono ascosti tesori infiniti sotto questa misera veste e contentibili di
questo misero mondo, come dice Paulo: *Invisibilia enim ipsius a creatura
mundi*, ecc.; ma ehimé! ché abbandoni le ricchezze e abbracci la povertà, lassi
la luce e cerchi le tenebre.

E però lassati dire: Questo mondo certamente egli è simile a un pomo
tondo, il che fu espressamente figurato nel legno de la vita del paradiso vietato
ad Adam ed Eva, li quali furno felici fino a tanto che non gustorono; ed essi [8]
in paradiso avevono tanta felicità e gustavano tanti varii e soavissimi frutti;
ma subito che assaggiorno del pomo vietato furno scacciati e ributtati, infelici,
pieni e carchi di miserie, come ogni giorno noi, lor figliuoli, proviamo. Cosí
noi, cristiani miei, e se ci priveremo e conculcheremo questo cieco mondo del
tutto, non lo gustando per affetto e speranza, saremo felici, lieti e liberi; ma
subito che gusteremo questo pomo di questo fallace mondo, e ci involgeremo
ne' suoi gruppi e nelle suoi rete e seguiremo le suoi blandizie e falsità, saremo
scacciati e privi della grazia, ripieni e carchi di miserie.

Ma io ho ditto che questo mondo è simile a un pomo, ma certamente egli
è piú vile e molto piú minore, imperocché egli è simile a un granello di
miglio, il qual granel di miglio, comparato a' cieli, che cosa è? Imperocché
dicono questi matematici che una sola stella è molto maggiore che tutta la
terra. Or pensa quanto maggiore è il primo cielo! E il primo cielo, quanto è
inferiore al secondo, e il secondo al terzo, e il terzo al quarto, di mano in
mano! E di poi, quanto supereccede li altri cieli il cielo cristallino!

Predica Quarta

Ora giudica tu, cristiano mio, e fa' comparazione che cosa è questo granel di miglio comparato a una tanta grandezza. Tu dici che gli è tanto grande come tu vedi: lassa dire tu ti inganni. Imperocché sí come un piccolo ducato posto per contra a gli occhi tuoi ti impedisce che tu non possi vedere questo mondo, il quale tu domandi grande, cosí questo piccolo mondo, posto per contra e opposito a gli occhi tuoi, ti impedisce che tu non possi vedere le cose celeste maggiori per modo piú eminente di queste minime. Oltra di questo, questo grano di miglio è minore senza comparazione dello elemento de l'acqua, de l'aria e del fuoco. Oltra che di questo granello di miglio, de le cinque parte, dua parte sole ne abiti, che sono doi quinti. E però per un granello, anzi per dua quinti d'un granello di miglio, vuoi, cristiano mio, perdere tanti infiniti tesori e beni celesti?

Odi Gregorio, il qual dice: *Si consideremus quæ et quanta sunt quæ nobis promittuntur in cælis, vilescunt animo omnia quæ habentur in terris. Temporalis vita æternæ vitæ comparata, mors est potius dicenda quam vita* [9]: cioè, Se noi consideriamo quali e quanto grande siano le cose che ci sono promisse in cielo, certamente diventono vilissime come sterco e fango tutte quelle cose che abbiamo in terra. Imperocché tutte le felicità e i piaceri del mondo comparati alle superne felicità sono peso, carico ed essa miseria e dispiacere. Vuoi tu ch'io tello dica piú manifesto? Monta in cima a un'alta [10] torre e risguarda a basso: li uomini ti parranno cornacchie. Monta piú alto: li uomini non ti parranno niente. E se tu potessi ascendere fino al cielo, quivi allora vederesti quanto sono vile e minime le cose di questo mondo in comparazione delle cose superne, e cosí dispregiaresti tutte queste cose basse, frali e caduche se tu elevassi la mente alle cose celesti, e ti vergogneresti avere amato e donato il tuo amore allo sterco e al fango di questo misero mondo.

Ascendi, ascendi adunque con la mente e tutta l'anima tua alle cose celesti, se vuoi aver notizia della viltà e miseria e infelicità di queste cose terrene, e se vuoi conseguitare il vero dispregio del mondo con le suoi concupiscenze e di te stesso. Oh se ti fusse concesso da Dio per un breve sospiro di ascendere al cielo e vedere la santissima Trinità, quello perfetto, sommo e infinito Bene, e subito tu ritornassi in questo mondo, certo ti dico che piangeresti tutto il tempo della tua vita, e ti vergognaresti grandemente, considerando che fino a qui hai amato cose tanto vile e a quelle aver donato tutto il tuo amore, e aver sempre dispregiato i doni celesti.

Piglia l'esempio: le formiche sono vili e piccole, le quali raunano venticinque o vero quaranta granelli di grano e si stimano felici e ricche. Dimmi, se tu vedessi alcuna di quelle volere il primato ed essere la piú onorata e che si tenesse felice e ricca, non te ne rideresti? Cosí tu, cristiano mio, essendo vermo e non uomo, e minimo in queste cavernose carcere, ti reputi principe e maggiore delli altri felici, e ricco, perché hai de' palazzi e mille scudi. Oh misero e veramente cieco! E però il prudente Democrito sempre rise sí delle nostre operazioni irrazionabili, e Diogene sempre piangeva [11].

Oltra di questo, tu hai un gran palazzo e bello, e credi essere qual cosa quando tu vi abiti drento; ma quando tu sei discosto della città per quattro miglia e che tu risguardi tutta la città, il tuo palazzo non lo reputi niente in comparazione di tutta la città. Cosí queste cose momentanee, caduche, misere e frali di questo mondaccio sono niente, anzi sono esso fetore e puzza comparate alle celesti. Ma perché sei sommerso in queste cose caduche, ti paion qual cosa. Ma, oh anima intellettiva, se tu ti rimovessi e ti slongassi da queste cose caduche e ti elevassi in alto [12], niente e come sterco reputeresti queste cose umane.

Non hai tu lo esempio dello specchio, il quale ti rappresenta l'ombra del tuo corpo, la qual similitudine depende dal vero? Cosí questo mondo è ombra ombra, e tutte le suoi finte delizie, li suoi piaceri e ricchezze sono ombre ombre, le quali dependeno dal vero e rappresentano la similitudine del secolo celeste, come dice Paulo: *Invisibilia enim ipsius a creatura* ecc. Onde a te interviene non altramente che interviene a un fanciullino, il quale, subito che gli è nato, la madre lo alleva e nutrisce in una oscurissima carcere, dove mai possi vedere alcuno lume né alcuna cosa fino alla età di sette anni. Di poi la madre fa portare e introduce una candela accesa, e tenendo il fanciullino ritto, gnene metteno dopo le spalle. Il fanciul vede l'ombra del suo corpo e si crede subito che la sia viva e vera; e cosí pertinacemente e fermamente crede e persevera nella sua opinione, e nientedimeno egli è ombra. Cosí, oh cristiano, tu sei incluso e serrato in questo oscuro carcere e prigione di questo mondo, e immerso, involto in queste cose transitorie e caduche, senza lume di grazia; e venendo alcuna volta la grazia dello Spirito Santo per interna compunzione, o vero per il verbo di Dio predicato, ti mostra questo mondo essere un'ombra. Ma tu sei tanto affisso alla tua opinione che credi l'ombra essere viva, vera e stabile. Il medesimo che tu credette quel ricco epulone [13] e li altri del nostro tempo, *tamen evanuerunt in cogitationibus suis* [14]: cioè, I loro pensieri sono andati in fumo. Cosí, oh ricco che non credi, interverrà a te - e a te, mondano, se non muti vita e fede - come è intervenuto a quelli che non udirno e manco hanno voluto credere ed *evanuerunt in cogitationibus suis*.

Similmente di quell'altro fanciullo, chiamato dalla madre nell'orto, al quale la madre li mostra un catino pieno de acqua; nel qual catino riguardando, il fanciullo semplice vi vede una stella, e stesa la mano per pigliarla non poteva: cosí tu, cristiano mio, ripensi poter tenere queste cose di questo mondo, ma ehimé, misero, ché tu ti inganni e hai a lassare ogni cosa! Ohimé! non lo vedi tu? Quando uno è vicino alla morte, chiama i suoi parenti e amici e fa chiamare il notaro, e nel suo testamento dice: - Io lasso lasso lasso la tal cosa e la tale -. E ogni cosa lassa, perché niente può portar con seco, perché non l'ha volsuto portar con seco. Imperocché se avesse dispensato le suoi sustanze a' poveri, e avesse depositato i suoi beni in cielo appresso a Cristo, come poteva, non li averebbe lassati. Manda, manda adonque i carriaggi avanti! Muta la vita tua! Spogliati dell'uom vecchio, vestiti di Cristo Gesú! Scancella i tuoi peccati con le elemosine! Non aspettare né ti confidare nelle promesse d'altri: li altrui esempi siano tuoi documenti.

Altri hanno detto questo mondo essere teatro. Egli è certamente un teatro. Non sai in che modo si fanno le commedie e le tragedie? Se non lo sai tel dirò, acciocché tu lo sappia. Si elegge un teatro grande, una gran sala e stanza, e quivi si fanno palazzi, castella, piazze, orti e camere, ove si pongano veste di seta belle da vedere: i quali palazzi sono finti e non sono veri. Dappoi si elegge quindeci o venti giovani, li quali si vesteno de queste tal veste; e vedrai un povero fanciullo rappresentare un re e un duca, un altro un ricco, e un altro il vedrai di ricco e felice e gagliardo diventar povero, miserabile e infermo. Un altro vedrai essere esaltato, un altro depresso e abbassato. Vedrai i buoni essere perseguitati e i cattivi essere premiati, le virtú dispregiate e i vizii onorati, i giovani viziosi essere stimati e i virtuosi e costumati vecchi scherniti. Finalmente la commedia si finisce: le case e li palazzi, li ricchi, i duchi, i signori, li quali prima ti parevano veri, ritornano in niente.

Cosí questo mondo, questo teatro: i palazzi, le case, le possessioni, i piaceri, le felicità, le bellezze e le suoi ricchezze sono finte. Si incomincia la commedia: molti dalla natività sua vengano in questa commedia - maschi e femmine, nobili e ignobili, ricchi e poveri. Vedi un povero e miserabile diventar ricco, uno ignobile nobile, un bastardo prencipe; e per contra vederai un ricco diventar povero, un nobile ignobile, e spesse volte vedrai i buoni essere perseguitati, scacciati e afflitti (de' quali il mondo non è degno) e i cattivi e scellerati essere esaltati, sublimati, onorati e posti nel colmo de li onori e felicità terrene. Finalmente, finita la commedia, la qual dura per quattro o cinque ore, cosí, venendo la febbre, vene l'ora della morte e si finisce la commedia, e nudi essendo usciti del ventre materno nudi ritorniamo lí, e tutti siamo equali quanto alle possessioni del mondo, quanto alle ricchezze, alla nobilità, alla gloria e a ogni cosa; e non è piú alcuna differenza fra il ricco e il povero, fra il potente e l'impotente, fra il servo e il signore.

E però, cristiano, dove poni la tua speranza? In ombre e in commedie, e in questo falso mondo pieno di miserie, agitato del continuo da ire, da sdegni, da odii, da fame, da peste, da continue guerre, nelle quali vedi essersi ritrovata la misera Italia in questo grande incendio e fuoco di tribulazioni? Tu, Lucca, sei stata quel vaso d'argento dove stava dentro il sacramento del corpo e sangue del Signore, il quale fu preservato miracolosamente dal fuoco quando brugiò del tutto la Chiesa. Cosí dico: - Tu, Lucca cara, sei stata preservata miracolosamente dal fuoco delle tribulazioni della Italia, ché doveresti essere un vaso sacro e nutrire Cristo nel povero oltra ogni altro ordine delle altre città, e doveresti essere una sagrestia di virtú e di cristiana perfezione; e ohimé! fai tutto il contrario, imperocché gli altri, che non hanno gustato i doni li quali hai gustato tu, conoscono molto piú la grazia tua che non conosci tu -.

La regina [di] Saba ebbe un bellissimo regno nell'oriente il quale lo mostrava a tutti, pensando che non se ne trovasse alcuno piú bello del suo; e tutti quelli che lo vedevono lo laudavano e affermavano non si ritrovare regno alcuno piú bello. Finalmente duoi ebrei, andando là e vedendolo, lo laudorono assai e dissero alla regina: - Sappi che Salomone ne ha un altro piú bello assai -. La qual cosa udendo la regina, di subito se ne andò al regno di Salomone, lassando il suo, credendo alle parole di quelli duoi ebrei [15]. Cosí tu, ricco, costituto in questo mondo e intrigando l'anima tua con usure e rapine insieme con l'anima de' tuoi figliuoli, ti stimi e pensi e usi questo

Predica Quarta

mondo come se tu credessi che non fusse altro mondo né altro regno piú bello. Ohimé! duoi ebrei ti fanno intendere che è un altro regno, al quale, se si compara il tuo, *pondus est, non subsidium* [16]: cioè, Troverai che il tuo regno in comparazione di quello che dicono questi duoi ebrei è un peso, una miseria e la istessa infelicità.

Va adunque, oh città mia, con la regina, con li tuoi affetti e pensieri a il regno di Salomone, sprezzato il tuo! Il quale Salomone dice: *Vanitas vanitatum et omnia vanitas præter amare Deum* [17]: [cioè,] Tutto tutto quello che si vede e può gustare sotto il cielo, tutto è vanità, eccetto che amare Dio. E odi Geremia, quello che dice: *Vanæ sunt operationes vestræ et risu dignæ* [18]: [cioè,] Tutte tutte le operazioni, ricchezze e stati degli uomini sono vanità e degni di derisione e riso. Imperocché Cristo dice: *Regina Austri surget in iudicio cum generatione ista et condemnabit eam* [19]: [cioè,] La regina [di] Saba, nel giorno del Giudizio, si leverà su contra di noi e vi condannerà. Credi adunque allo Spirito Santo e al predicatore, e non ti appoggiare all'ombre di questo mondo!

Imperocché, cristiano mio, tutte queste cose sono ombre ombre, e cosí come l'ombre non ti possono saziare se le fussene in infinito, cosí le cose di questo misero mondo non ti possono saziare, né quietare, e tutte queste cose sono come sogni. Imperocché i sogni paiono veri; nondimeno, subito che sei svegliato, li trovi con verità che sono vani e falsi.

Cosí, né piú né meno, cristiano mio, sono i beni di questo mondo. Ti conforto adunque a voltar le spalle a questo misero, traditore e perfido mondo, acciocché tu sia felice in questa vita e in nell'altra.

30

Predica Quinta

[Prima Parte]

De confidentia Dei

Sono alcuni che si confidano nelle ricchezze, nelle dignità, nelli onori del mondo, come i ricchi, e alcuni, come i filosofi morali, si confidono nella cieca scienza, tenebrosa, vana e carnale: li quali si ingannano. Alcuni nelle suoi estrinseche opere morte per vanagloria, e non in fede viva e in carità, come i farisei. Alcuni altri totalmente si disperano, e non nelle ricchezze, non nella scienza né nelle opere suoi, ma solamente si confidono in Cristo Gesú, nato per noi, peregrinato, conversato, lagrimato, preso, sbeffato, flagellato, coronato di spine, crucifisso, morto e sepolto; e dicono con David: *Speravi in multitudine misericordiæ tuæ* [1]. Sopra delle qual parole volendo predicare, voglio che vediamo in che cosa abbiamo a ponere tutta la nostra speranza. Prestatemi grata audienza e incominciamo nel nome di Gesú.

Come il corpo non [può] vivere senza l'anima, e cosí noi senza la grazia di Dio niente possiamo, e le nostre giustizie sono sordidezze, macchie e brutture. E cosí come l'ombra non può sostenere alcun peso senza il corpo, cosí noi, né piú né meno, che siamo ombre, niente possiamo operare senza la divina grazia. E come gli uccelli del cielo non si riposono mai se non nel nido, cosí noi cristiani in questo aere, in queste cose caduche e flussibile del mondo, momentanee e transitorie, non ci possiamo riposare né quietare se non in nel nido della croce, cioè, nel costato di Cristo, in fede viva e carità infiammata, dispregiando tutte le cose che sono sotto il cielo e avendo in odio

31

la propria anima, secondo il precetto evangelico: *Adhuc autem et animam suam* [2]. Mai ci dobbiamo disperare di Cristo, il quale ci è stato donato da Dio con tutti i suoi tesori, ed è il nostro Cristo Gesú dolce, soave, benigno e innamorato dell'umana natura.

Oh che gran presente ci ha fatto Dio a donarci il suo proprio e unico Figliuolo! E che sia nostro, lo provo: *Benedicat nos Deus* - ecco il Padre - *Deus noster*; ecco il Figliuolo - *Benedicat nos Deus* [3]. E in nella natività di Cristo disse l'angelo: Annuncio *vobis gaudium magnum, quia natus est vobis hodie Salvator mundi* [4]: cioè, Io vi annoncio una grande allegrezza, ché oggi è nato a voi il Salvator del mondo, Cristo nostro fratello e Redentore. Oh che gran presente! Oh che buona nuova! E altrove dice: *Ascendo ad Patrem meum et Patrem vestrum, Deum meum et Deum vestrum* [5]: cioè, Io ascendo al mio Padre e Padre vostro, Dio mio e Dio vostro. Oh gran parlare di Dio all'uomo, che Dio si sia donato all'umana natura, Dio sia diventato Padre nostro! E per qual cagione? Solo per nostro amore, per liberarci dal demonio, per darci la vita e per condurci al cielo, perché noi lo riconosciamo per nostro Padre e che lo amiamo, seguitando le suoi vestigie.

E dirò piú oltra: Oh che cambio ha fatto Cristo con esso noi, maggiore e molto migliore assai che quelli che si fanno a Lione! Imperocché ha preso i peccati nostri passati, presenti e futuri, i quali Dio non ce li voleva perdonare. *Peccata nostra ipse tulit, et dolores nostros ipse portavit* [6]: cioè, Si è vestito de' nostri peccati, e ha sopportato i nostri dolori, portando sopra delle suoi spalle le nostre iniquità. *Cuius livore sanati sumus* [7]: [cioè,] Per le cui passioni, dolori e stenti e morte noi siamo stati sanati. *Cuius imperium super humerum eius* [8]. Ohimé, che cambio è stato questo, cristiani miei! Chi sarà tanto duro che non se innamori d'un tanto beneficio, che non porti del continuo nel cuore un sí fatto cambio? Imperocché ha preso la morte e hacci dato la vita, la povertà e hacci dato le ricchezze, la corona della ignominia e

Predica Quinta

del vituperio e hacci dato la corona d'oro, di onore e gloria. Si è fatto e costituto peccatore per nostro amore *qui peccatum non fecit, nec inventus est dolus in ore eius* [9]: [cioè,] Il quale non fece mai peccato, né si trovò mai un minimo inganno nella sua bocca.

E però mai si ha a disperare un peccatore, anco che tutti i peccati passati, presenti e futuri fusseno tutti raccolti in lui, il qual con viva fede e infiammata carità si disponga per l'avvenire imitar le vestigie di Cristo. Ma non già quello il qual persevera nei peccati, il qual debbe esser chiamato prosontuoso e non cristiano, per il qual Cristo non è nato, né crucifisso, né morto, né sepulto, né resuscitato. E però sopra ogn'altra cosa - ohimé! - Dio debbe essere amato da noi, postposto ogni altra cosa, il qual si è costituto peccatore per nostro amore.

Onde, essendo affrontato da' Giudei nell'orto, li domandò: *Quem quæritis?* [10]: cioè, Chi cercate voi? Loro risposero: - Noi cerchiamo quel negromante (*in Beelzebub principe demoniorum* [11]), uno imbriaco (ibi *potator vini et vorator* [12]), un vile, uno ignorante (ibi *quomodo literas scit, cum non didicerat?* [13]), un biastemmatore (ibi *audistis blasphemiam?* [14]), un seduttore (ibi *seducit turbas* [15]), un violatore della festa (ibi *non est a Deo qui sabbatum non custodit* [16]), un peccatore (ibi *scimus quia homo peccator est* [17]), un sovversore della legge (ibi *subvertentem legem* [18]), uno indemoniato (ibi *dæmonium habes* [19]). E Gesú umilmente, per nostro amore, perché aveva preso sopra delle suoi spalle tutte le infirmità nostre, quelle, dico, che sono state, che sono e che saranno, rispose: *Ego sum* - io sono il reo e quello che voi dite; *si ergo me quæritis, sinite hos abire* [20]: [cioè,] Se adunque voi cercate me, lassate andar costoro per li quali io pago. E loro a quella umil voce *abierunt retrorsum* [21], a innuire che con l'umiltà e con l'infirmità, niente presumendo nelle nostre opere, ma in tutto e per tutto disperandoci di noi stessi, romperemo e vinceremo il demonio.

33

Predica Quinta

Qui ceciderit super lapidem conteretur [22]: cioè, Quello che cascherà sopra della pietra si verrà a conterire, niente presumendo de' suoi meriti; ma quello sopra del quale cascherà la pietra si verrà a costringere e spezzar del tutto, che è quel che si confida nell'opere suoi. E il medesimo Paulo dice: *Libenter gloriabor in infirmitatibus meis* [23]: cioè, Volontieri mi glorierò nelle miei infirmità, il qual son niente e niente posso, acciocché abiti in me la virtú di Cristo, il quale per me ha patito e pagato, mediante il quale io spero la eredità celeste, e non mediante l'opere mia morte. E cosí Cristo ha voluto esser coronato di spine ed essere legato come primo e come re de' peccatori per nostro amore. Ohimé! che costituto davanti a Erode e domandato se fusse il malfattore, tacque, confessando col tacere che lui era il reo e il malfattore - e tutto per nostro amor, cristiano!

Alcuno mi dirà: - Oh frate, tu non predichi il digiuno, la penitenza, l'orazione e la religione? -. Io ti rispondo ch'io non ti voglio fare uno ipocrito e lucido di opere morte, a guisa del fariseo, ma ti voglio fare buon cristiano e puonere il fondamento nel cuor tuo di viva fede, di speranza e carità perfetta, senza le qual virtú l'opere tuoi non sono meritorie, e con le quali virtú non puoi fare che non operi. E se non operi, credi a me che non credi in Cristo per fede viva, speranza e carità perfetta, ma la fede tua è fede di voce, di labbra e di eloquenza, la qual ti conduce a perdizione. Poverino, non te avvedi? Similmente dico di quelli che si confidano solamente ne' giubilei, nelle orazioni di giusti, nelle messe e nelle elemosine, che vogliono lassar per testamento dappoi la morte, e nondimeno del continuo pravamente vivono, né mutan la loro vita: i quali - ohimé! - quanto si ingannono!

O tu dirai: - Oh frate, se Dio ha pagato per noi, e se ci si è donato con tutti e suoi tesori, come tu dici, noi possiamo pure esser sicuri della nostra salute; adunque non bisogna né accade operare, né manco osservare i suoi comandamenti -. Io ti rispondo: - Cristo tutte queste sopraddette cose ci ha

34

Predica Quinta

donato, ma sai bene che quando è donato qualche cosa, se quello a chi è donato non lo riceve, mai si domanderà dono, né potrà dire che li sia stato donato; ma poi che averà ricevuto il dono e conosciuto giustamente, potrà dire che li sia stato donato. Cosí Cristo tutte le sopraddette cose ci ha donato, ma tu, che non muti via, non operi e non dispregi ogni cosa per guadagnar Cristo, ricusi il dono. E però non puoi né dir né pensare che ti sia stato donato cosa alcuna, e sei privo d'un tanto e sí bello dono. Ma quando tu ricevi il dono e conosci Dio per fede viva, operando bene e in speranza e carità, e quello abbracci (nota questa parola), entri subito in possessione di Cristo, del paradiso e del tesoro celeste e di tutti i meriti di Cristo, e conseguentemente sei padrone di Cristo, del mondo e d'ogni felicità. - E però, cristiano mio, non voler commutare e recusare tutte queste cose per lo sterco di questo mondo, per queste mondane cose, frali, finte, breve, momentanee e transitorie.

Oh grande e maravigliosa dignità della condizione umana! E però Paulo ferventemente diceva: *Scio cui credidi et certus sum quia potens est depositum meum servare* [24]. Sapeva ben Paulo di chi si fidava, e a chi aveva dato in deposito il corpo e l'anima, con tutte le suoi potenze. E però, cristiano mio, fidati del tuo Cristo, tuo Redentore, padre e fratello, e a lui, e non al mondo, da' in deposito l'anima tua, le tuoi intenzioni e operazioni, insieme con le tuoi sostanze, che le saranno sicure.

E nota questo esempio: Fu uno infermo, vicino a morte e disperato al tutto, e molto prossimo alla sua dannazione; onde, essendo visitato, rispondeva: - Son disperato, nessuno non mi dica niente -. Molti lo riprendevano benignamente, contraddicendogli al suo parlare e condolendosi del suo grave errore. Un altro non solamente non li contraddisse al suo parlare, ma li fece buono il dir suo, e lo persuadeva a disperarsi in tutto e per tutto delle suoi opere, ma non già in Cristo, il quale aveva pagato per lui e aveva preso tutti i suoi peccati, e nostri, sopra delle suoi spalle. E cosí l'infermo si disperò dell'opere e meriti suoi, e tutta la sua speranza e fiducia la puose in Cristo, e morendo con tal viva fede fu salvo.

E però, cristiano mio, nota e imprimiti nel cuore queste parole nello articolo della morte, e rispondi al diavolo, se ti gettasse in occhio che sei grandissimo peccatore: professa e di' che sí; e se ti dicesse: - Tu hai commessi tanti e tanti peccati -, e confessa e di' che sí. E se ti dicessi: - Dispèrati! -, di': - Io mi dispero al tutto delle mie operazioni, ma non già del mio Cristo, il quale ha pagato per me e ha fatto la penitenza per me in sul santissimo legno della croce -. E se dicesse: - Dispèrati di Cristo! -, digli arditamente: - Mai mi dispero di quello, che mi ha creato e ricomprato col suo preziosissimo sangue, il qual mi ama piú che padre, madre, fratelli e sorelle -; e di' con Paulo: *Scio cui credidi et certus sum* ecc. Ed è mio il Figliuol di Dio: ibi *Dominus meus et Deus meus* [25].

Ohimé! anima mia, niente è tanto mio quanto Cristo, anzi niente ho che sia mio se non Cristo! Il mondo non è mio, non l'oro, non l'argento, non le creature, non li insaziabili e sfrenati appetiti umani. E però sol Cristo sia la nostra speranza, sol Cristo debbe essere amato da noi, onorato e cerc[at]o. Similmente voglio insignare a tutti quelli che sono tribulati, che subito saranno liberati da qualunque tribulazione. Credino fermamente in Dio con viva fede e accesa carità, che se Dio per loro ha sostenuto la croce e donatosi sé, con tutti i suoi tesori, se vedesse appartenersi alla sua salute liberarlo, certo è che lo libererebbe quello, il quale ha patito la morte per [la] nostra salute. Ma permette, credi certamente che stia in tribulazione acciocché diventi migliore, li venga in fastidio il mondo, li volte le spalle e sol si volti e seguiti Cristo.

Brevemente, tutto fa per sanarci e per liberarci dalla eterna morte. Imperocché se ti ha tolto un figliuolo, tien per certo che, se te lo avesse lassato, per sua causa aresti dannato te e lui, cercando ricchezze *per fas et nefas.* E per questo ti ama piú, come dice il Sapiente: *Quem amo corrigo et castigo* [26]: cioè, Quelli che io amo, correggo e castigo con la disciplina delle tribulazioni. Il che fu espresso nella mutazione del vino nelle nozze, il qual mutato era molto migliore del primo [27]; volendo innuire che quelli che si disperano dell'aiuto del mondo ricevono [il] miglior vino, cioè, il favore e aiuto di Dio. Imperocché, ehimé! quando in tutto sei abbandonato di mezzi umani, è segno che Cristo maravigliosamente te aiuta e ti vuole aiutare, imperocché con le proprie mani e in propria persona ti vuol soccorre[re], e non piú con mezzi umani, né per man d'altri.

Non hai quel bello esempio di quella vedova, la quale, essendo poverissima, nondimeno mai conobbe che Dio li avesse mancato? Li furno offerti e donati cento scudi da una donna da bene e cristiana, e lei li recusò e non li volse in modo alcuno accettare. Di nuovo ce ne volse dare e donare, dicendo: - Pigliali! Imperocché, benché io sia donna e sotto la potestà del marito, nientedimeno con buona coscienza io te li posso donare: non li voler per questo recusare -. E lei, vestita di viva fede, rispose: - Io so e credo certamente che tu vogli e possi, e ti ringrazio; ma non voglio in modo alcuno commutare e cambiare il procurator mio, Cristo dolce, speranza stabile e solida, il qual mai mi ha mancato. Sarebbe certamente indecente cambiar lui per cento scudi d'oro, e lo averebbe per male. Va' in pace, ché tutti cotesti danari, con le altre cose del mondo, io le reputo come sterco in comparazione di Cristo Gesú, il quale chi elegge per suo procuratore ha ogni tesoro, felicità e bene: e tutti li altri tesori e felicità, senza lui, sono essa povertà e miseria -.

Confidati adunque in Dio e non in te, perché chi si confida in uno amico fidele e che li mostra la sua necessità è aiutato da lui, ma chi non si confida non è degno d'aiuto. Non ti confidare adunque, cristiano mio, in te, nelle tuoi forze e opere; non in ricchezze, non in figliuoli, né in amici; ma tutto elevato sopra di te, riposati, e per confidenza viva e salda, in Cristo Gesú dolce.

Predica Quinta

Ti prego adunque, oh peccatore, per la natività di Cristo, per il battesimo, per il digiuno, per la peregrinazione, per le lagrime, per le battiture, per li scherni, per la corona delle spine, per la croce, per li chiovi, per la lancia, per la morte, per il preziosissimo sangue sparso per nostro amore, e per la sua sepoltura, che tu lo vogli amare ne i poverini membri suoi, e in quelli conoscerlo e mostrarli il tuo amore, e in lui puonere ogni tua speranza, confidandoti in quello solido, stabile e infinito Bene, non in ne' tuoi meriti né in nelle tuoi opere; e confidandoti, l'ami con fervente carità e viva fede, operando opere degne del suo amore, acciocché tu sia felice in questa vita e in nell'altra.

Predica Quinta

[Seconda Parte]

De misericordia Dei

Mai ci dobbiamo disperare, né diffidare della misericordia di Dio, imperocché una sola e piccola lagrima di Cristo era sofficiente a redimere mille mondi, e nondimeno sostenne e sopportò per noi tante lagrime, fatiche, stenti e morte tanto obbrobriosa. Adunque mai ci dobbiamo disperare, purché col cuor contrito e umile e con uno stabile proposito di mai più voler peccare, né offendere il nostro Dio per lo avvenire in cosa alcuna, li domandiamo perdono di tutte le offese e colpe commesse, parati piuttosto entrar sotto a mille morte e a mille supplicii che offenderlo.

Predica Quinta

E in questo modo ancora non ti debbi disperare di non poter soddisfare e pagare tanti infiniti beneficii ricevuti da Dio per i meriti di Cristo infiniti, i quali te li ha donati acciocché con quelli possi pagare ogni gran debito. Ohimé! qual'è quel debito e obbligo tanto grande che il merito della incarnazione del Figliuol di Dio non paghi, lavi, mondi e purghi? Qual'è quel mondo tanto grande e ripieno di peccati che la natività, il battesimo, la vita, la peregrinazione, le lagrime, le fatiche, li stenti, la passione, la morte e sepultura del Figliuol di Dio non scancelli e liberi? Purché, come figliuolo umile e infiammato da carità del suo tanto buon Padre, umilmente cacci mano a tanto sí degno tesoro paterno, e non come temerario servo presontuosamente spenda e sborsi senza reverenza e amore un sí fatto tesoro.

Ohimé! peccatore, hai paura a ritornare al tuo Dio buono? Temi di non poter pagare tanti debiti che hai con lui? Piglia lo infinito tesoro de' meriti di Cristo e paga abbondantemente e largamente, non del tuo, ma di quello del tuo Cristo dolce, soave e tanto buono. Ma non per questo hai a stare con le mani cortese e darti all'ozio a guisa di prosontuoso. Imperocché, deh, dimmi un poco: se un figliuolo caro, riscattato dalle mani di Turchi e ricomprato con gran prezzo dal suo buon padre, non vuole dappoi ritornare in patria per la licenza della vita di Turchia della quale troppo si diletta e si compiace; e il padre nondimeno lo conforti, lo preghi, lo lusinghi, lo inviti con tanto amore che torni in patria; se non vuol tornare, dimmi, non è suo danno?

E però, cristiano mio caro, Dio, tuo Padre buono e dolce, vedendoti nelle mani del demonio, t'ha redento e riscattato per il tanto amore che ti ha portato con tanto prezzo e tesoro del suo unico e prezioso Figliuolo, donandolo con tutti i suoi tesori nella tua redenzione. Ora te invita, per le divine scritture, per li predicatori, per le interne ispirazioni e soavi contratti; ti esorta, ti prega e con li assidui beneficii e celeste promesse ti lusinga che torni in patria! Lassi il peccato e le suoi concupiscenze e torni ad abitare con seco! Sai tu, se per la licenza del vivere carnale, per il troppo presumere nella misericordia paterna, per la troppo consuetudine ne' peccati e illecebre del mondo, delle ricchezze e altre concupiscenze, non vuoi tornare in patria, né al tuo Padre dolce, pio, clemente e buono, e ti giova il prezzo tanto grande per te e per la tua redenzione pagato, che ti varrà presumere nell'infinito tesoro de' meriti del tuo Cristo? Ti bisogna adunque, oh cristiano mio caro, lassar le spoglie vecchie, spogliarti del vecchio Adamo, vestirti di Cristo, e cosí confidentemente tornare al Padre.

Se tu mi rispondi che non sei degno, per li infiniti peccati e offese commesse contro a un tanto clementissimo Padre, e per la tua infinita ingratitudine verso tanti infiniti beneficii, ti dico che sei degno per la bontà del tuo Signore e non per le tuoi opere. Sí come quando un signore nel suo ultimo testamento lassa un castello a un suo servitore, quantunque indegno; nondimeno per la sua liberalità ce ne lassa dappoi la morte e dona. Dopo la morte del padrone e suo signore, il servo, ancora che indegno, confidentemente va a pigliar la possessione. Domandato e dispregiato: - Per qual causa indegnamente ardisci voler pigliar la possessione del castello? -, esso risponde: - Non per la mia dignità vengo a prender la possessione, ché non ne sono in modo alcun degno, ma bene sono degno di tal possessione per la bontà e liberalità del mio signore -. Cosí noi cristiani non siam degni della possessione dell'infinito tesoro di Cristo, né che ci siano perdonati i nostri infiniti peccati; non siamo degni di andare alla orazione davanti al Padre, né di andare al sacramento del corpo e sangue del Salvator nostro; né manco siamo degni della nostra salute, né della possessione del paradiso, per noi stessi, né per le nostre operazioni: certo non. Ma sí bene siamo degni della possessione di tutte le sopraddette cose per la dignità, bontà e liberalità di Dio, il quale per testamento e morte del suo unigenito Figliuolo ce le ha lassate e donate, ancora che ne siamo indegni.

Predica Quinta

Rallegrati, oh peccatore, adonque, e duolti della tua ingratitudine, imperocché Cristo per te ha patito, lagrimato, per te è stato morto e sepolto, e per te ha preparato questa gran cena de' suoi meriti, e non per sé. Venite adunque a lui tutti voi che vi affaticate e sete carichi di peccati! Uscite della prava vita vostra, perché per te, peccatore, e in nome tuo, Cristo ha acquistato tanti infiniti meriti, non altramente che quello il quale a nome d'altri acquista molti beni, i quali beni non sono suoi ma di quello per il quale l'ha acquistati. E quanto sei maggior peccatore, tanto piú volontieri Dio ti perdona, *nam gaudium est angelis super uno peccatore pœnitentiam agente* [28].

Imperocché, deh, dimmi un puoco: se tu ne vedessi uno, quantunque pessimo e scelleratissimo e ripieno d'ogni vizio, nondimeno vedendolo in miseria, costituto nelle mani della giustizia dover esser tormentato con tanaglie infocate e ardenti, non av[r]esti de lui gran compassione? Certo sí. Ehimé! non credi che Dio abbia misericordia del peccatore costituto in miseria, quantunque pessimo, con maggior compassione che te senza comparazione? E dirò piú oltra che l'anima di Cristo, nello istante della sua concezione, era senza meriti alcuni come una tavola rasa, perché non gli era precesso un altro Cristo redentore, come è processo a noi, con tanti infiniti meriti donati a noi e per nostra salute. E però nessun si debbe disperare, né debbe temere a ritornare al suo clementissimo Padre, avendo tanta confidenza per Cristo e in Cristo Gesú dolce. Adunque, oh peccatori, non piú indugiate! Convertitevi *in toto corde vestro* allo Iddio vostro, rinnovando il proposito buono e dolendosi de' peccati passati! E non dubitare, benché tutti i peccati che si son fatti, si fanno e si faranno e si potessino fare in mille modi tu solo gli avessi perpetrati e in te solo fussero raccolti, purché si doglia di cuore di averlo offeso e se proponghi per lo avvenire emendar la vita tua, riconoscere il tuo Iddio e, conoscendolo, innamorarti di lui e, innamorato, cerchi sempre di fare cosa che gli sia grata - imperocché una sola gocciola d'una minima lagrimetta di Cristo è sofficiente a scancellare tutti i peccati che si son fatti e che mai si faranno.

Predica Quinta

Consolatevi adunque, peccatori, nella estrema e ultima ora della morte, imperocché quello il qual vi ha a giudicare, chi è? È il Figliuol di Dio, il qual per noi ha patito, per noi è stato morto e sepolto, e per noi è resuscitato e salito al cielo con vittoria. Ed è nostro fratello e quello il qual ha sparso il sangue per ricomperarci: credi che vorrà lassarti perire e dannare?

Ehimé! se uno tuo padre carnale avesse speso mille scudi per riscat[t]arti o comprarti dalle mani de' Turchi o Mori, se mancasse al pagamento un quattrino ovvero un soldo, credi che non lo pagasse per liberarti? Ohimé! quanto maggiormente adunque debbi pensar e credere che Dio, avendo dato il suo Figliuolo con tutti i suoi tesori per la tua salute, non ti mancherà di aiuto nell'ora della morte, purché tu non sia prosontuoso della sua abbondante misericordia, ma umil figliuolo; e che ora senza piú indugiare tu ritorni a lui!

Ed è nostro avvocato, procuratore e padre quello il quale ci ha a giudicare, il quale piú ci ama che non ci ama il padre, la madre, i fratelli, le sorelle e li parenti tutti. Il padre e la madre tua, dimmi, cristiano mio: che farebbeno in quella ora della morte? Non credi che ti salvasseno, potendo? Cosí Cristo, e con molto maggiore amore e certezza, ti salverà in quella ora e ponto estremo.

E però, cristiano mio, il mondo non ha patito per te - non l'oro, non l'argento, non li figliuoli, non la madre, non la moglie, non li piaceri terreni e flussibili - ma Cristo tuo dolce, clemente, prezioso e pio; e però a Cristo debbi dare tutto il tuo amore, e tutte le altre cose create dispregiare, fare acquisto ed entrare in possessione delli soprascritti infiniti meriti di Cristo; acciocché tu sia felice in questa vita e in nell'altra.

[Qui finiscono le cinque prediche predicate dal R. Padre Frate Bernardino da Siena dell'ordine de' Frati Cappuccini nella chiesa cattedrale di Lucca]

Predica Sesta

Predicata in Venezia il terzo dí di Pasqua

Sí come è officio del buon medico curare le infirmità, e non solo quelle curare, *etiam* preservare li neutri e piú oltre conservare lo individuo, in modo che il si conservi il corpo in sanità e non ricidivare, in questo medesimo modo il medico spirituale de l'anima debbe con ogni studio non bastando aver curato le infirmità delli peccati, ma li deboli e quelli che non sono bene infiammati della carità de Dio accendere, illuminare e fortificare a potere andar innanzi; li perfetti confortar, e ricordagli a far in modo tale che si conservino in quella purità e in quella innocenza e continuamente abbino da augumentare nella perseveranza del vivere cristiano. E però, per quanto vedo, io mi penso che tutti siati con la grazia de Dio guariti dalle infirmità dell'anima. Pur acciocché per la vostra debolezza o per qualche altra causa voi non tornassi a ricidivare e a perdere l'acquistata grazia, io voglio darvi certi ricordi e rimedii ottimi e singolari, mediante i quali voi vi conservarete nella grazia de Dio e vi farete impeccabili. E queste saranno le buone nove che da me arete questa mattina, e però vi prego vogliati prestarmi grata audienza e tenerli bene a mente, e incominciaremo.

Mi pare di vedervi tutti come son adesso le novelle piante piene di fiori, e voi pieni de buoni proponimenti, de giusti e santi desiderii, ma che un poco poco di vento li faria tutti cascare per terra; e alla similitudine di una candela ammorzata di fresco ma che ancora è calda e fuma e poca cosa la tornerebbe accendere; e cosí ancora come uno infermo, che quando egli è guarito, per ogni poco de disordine che lui fa torna a recidivare e sta in maggior periculo che prima: cosí siamo noi. Dunque avendo acquistata la

43

grazia de Cristo ed essendo diventati suoi fratelli e figliuoli dell'Eterno Padre, e rimessoci tutti gli nostri peccati, or che dappoi di tanto beneficio torniamo a cascar nel peccato, il diavolo infernale ha piú potestà sopra di noi che prima. E però uno che torna a ricidivare nel peccato diventa peggiore che non era prima.

Ma acciocché tu sappia come abbiamo a fare, immaginati una gentildonna, ovvero una cittadina, alla qual suo padre volessi dare marito. E poiché sono del tutto d'accordo, venneno alla fanciulla e, fatto venire il notaio e quello che ha a esser sposo, ed essendo d'accordo del resto, dirà il notaio a quel giovene: - Missier tale, vi piace madonna tale per vostra legittima sposa? -; il quale non vede l'ora e risponde: - Missier, sí! -. Allora il notaio si volge alla fanciulla e dice: - Madonna tale, vi piace missier tale per vostro legittimo sposo? -. E lei, per esser cosí il costume, o per esser cosí ammaestrata, o per esser vergognosa, non risponde niente, se ben gli pare mille anni a dir che sí. Torna il notaio la seconda volta: - Madonna tale, vi piace missier tale, ecc.? -; e lei, che conta con le dita quante volte glielo ha domandato, dubitando non se ne dimenticar e che passeno le tre volte e che non dicessi de sí, pur non risponde niente. Domanda la terza volta: - Madonna tale, vi piace missier tale per vostro legittimo sposo, ecc.? -. A che con vergognosa faccia e con la bocca stretta risponde: - Misser, sí! -. (Orsú, poi che avete riso, sputate.)

Sicché per infin che la fanciulla non ha prestato il suo consentimento e detto de sí non sono contratte le nozze, medesimamente l'anima vostra non commette il peccato per fino a tanto che la non vi presta il suo consentimento con la sua volontà, qual'è libera, e nessuna persona né angelo né demonio la può costringere. E però bisogna che tu intenda bene come la cosa sta, acciocché tu sappia discernere quando tu farai peccato o non.

Predica Sesta

E però debbi sapere che in tre modi si presta il consenso al peccato. E prima, quando è consumato: *exempli gratia*, quando ti viene un desiderio o una soggestione di voler far una cosa che tu sappia che sia peccato, e con quella volontà vai e consenti ed eseguissi quel peccato. Questo è peccato mortale consumato. E poi a uno altro modo, che si chiama pleno e non consumato, e questo si è quando e' ti viene un cattivo pensiero e volontà di far un peccato, o di libidine o di usura o di simil cose, le quali tu faresti se tu potessi farle; il che non resta che tu non vi abbi lo animo deliberato, ma tu solo resti perché non hai il modo di farlo. Questo è peccato mortalissimo. E poi a un altro modo, che si chiama semipleno, come verbigrazia tu non fai un peccato e non hai intenzione né volontà di farlo, ma te lo v[u]oi imprimere nello intelletto tuo per dilettartene, per pigliartene piacere; e però ti vai rappresentando nello intelletto tuo quella lascivia e quel piacer sensuale e quella delizia e quello altro peccato, e te ne diletti e prendine piacere. Sappi che anche questo è peccato mortale, perché tu ti metti ed esponi al pericolo; come se tu avessi un serpente venenoso in seno e non lo gettassi via e che ti ammazzassi, non saresti tu omicida di te medesimo? E però bisogna levar le occasioni, se ben non hai intenzione di far quel peccato. Sí che ogni volta che tu con la tua volontà incorrerai in uno di questi tre modi, sempre sarà peccato mortale; e nota che un solo peccato mortale è de tanta importanza che ti fa perdere la grazia de Dio e ti fa inimico de Cristo e ti mette nella potestà del demonio e ti manda nel profondo baratro infernale.

Ma mi potresti dire: - Può esser che un peccato solo faccia perdere la grazia, e che questa grazia de Dio sia di tanta importanza? -. Ti dico che un solo peccato ti fa inimico di Dio, perché tu offendi la onnipotenza de Dio e la sapienza e la bontà e tutte le perfezioni de Dio; e però perdi la grazia sua, la qual è di tanta importanza che meglio ti saria perdere tutto il mondo e perder la vita, l'anima e il paradiso e tutta la gloria che hanno gli beati, che perdere la grazia de Dio.

Predica Sesta

Tu mi potresti dire: - Può essere che, avendo tutte le altre virtú per un abito fatto, e che le virtú siano tanto potenti, e che il peccato e il vizio siano ancor piú potenti a superarle, e che un solo vizio e peccato faccia perder la grazia, per la quale si perdono tutte le virtú morali e le virtú soprannaturali? - Ti rispondo che gli è vero che le virtú sono piú potenti del vizio; immo le virtú sono fortezza dell'anima, e il vizio debilita l'anima. Tuttavia, perché quando commette un peccato e che in una cosa ti disordini da Dio, per esser tutte le virtú unite e concatenate insieme e legate con uno indissolubile vincolo, non p[u]oi perder una virtú che non le perdi tutte quante insieme.

E nota li angioli e spiriti beati che sono ardenti della carità de Dio per esser voltati al bene dappoi che furno creati, e cosí quelli angioli che cascorno nella sua superbia e amor proprio, cosí quelli che stetteno costanti si confirmorono e voltoronsi al bene, in modo che piú non potevano peccare, in modo tale che non possono né vogliono partirsi da quel divino amore, e quanto sono piú intimi tanto piú ardono in quel divino volere, ad altro non tendono, altro non bramano e altro non desiderano che esser uniti a quella divina volontà. E tanto sono confirmati in questa unione, in quella trasformazione, che non hanno piú amor a se stessi, immo si dimenticano, se non intanto che si dia onor a Dio; e per non deviar dal voler suo, piuttosto sariano contenti, e per un anno e per dieci e per cento, immo per sempre, perder la gloria de Dio ed esser scacciati dal paradiso, piuttosto che perder la grazia de Dio senza comparazione o proporzione alcuna, perché perdendo la gloria solo fanno danno a se stessi, e nel perder la grazia si fanno inimici di Dio; e molto piú apprezzano l'amicizia ed esser in grazia di Dio che non fanno il suo util proprio. E dicono con Paulo: *Quis me separabit a charitate Christi?* [1]: Né perder la gloria, né andar all'inferno, nissuna cosa ci separarà dalla carità e dall'amor di Dio. E cosí, per il contrario, li dannati, che sono morti nella ostinazione delli suoi peccati e nello suo amore proprio, per li quali hanno meritato di esser confirmati nel baratro infernale, dove si sono confirmati in quelli, né si possono pentire; immo continuamente si confirmano e accrescano il suo amor proprio, e però questi non hanno piú remedio a provvedere a' casi suoi.

Ma noi, che siamo mezzi fra gli angioli e li dannati, che non siamo confirmati in grazia a non poter errare, né manco siamo confirmati nella ostinazione, ma siamo in termine da poter fare bene e male, e provvedere che non incorriamo nelli pericoli che sogliono accascare, per non perdere questo dono, questo tesoro, questa felicità e questo bene di tanta importanza e di tanto momento? Ché se tu, madonna, perdessi una bella gioia d'un grandissimo prezzo, ohimé, che tu metteresti tutta la casa sottosopra per ritrovarla! - e quando non la trovassi, fatta ogni diligenza, te ne verresti qui a me, e me la faresti dire in pulpito; e se questo non bastassi, faresti mettere una scomunica, né mai riposaresti sino che non l'avisti trovata. Ma dappoi ritrovata, con molto maggior cura tu la custodiresti, dubitando di non la perdere un'altra volta [2].

Ohimé, oh la grazia de Dio, dove sono tante gemme, tante perle e gioie preziose! E che con tante fatiche in questa quadragesima abbiamo procurato e cercato di recuperare questa anima dalle mani di Lucifero e riportarla nel costato di Cristo, il qual per grazia sua, e non per nostri meriti, l'ha ricevuta e accettata per sua cara sposa, e ci ha adornati con queste margarite e pietre preziose di tanti tesori dalla sua infinita grazia! Oh non doveressimo noi, con ogni studio e con ogni diligenza, affaticarci per imparare il modo a poter conservare in noi questa grazia de Dio tanto degna e tanto preziosa?

- Orsú, frate, che cosa abbiamo a fare? - Io tel dirò, anima diletta: poche cose e facili, le quali volendo tu fare, tu la conserverai e ti farai impeccabile. Orsú, io non voglio che voi facciati altro se non quello che doveano fare li nostri primi parenti nel paradiso terrestre, e niente piú. Perché a me pare di

Predica Sesta

vederve in un paradiso terrestre, tutti puri, innocenti e senza macula di peccato, come era il nostro padre Adam ed Eva, li quali mai non ariano peccato se avessino tenute serrate le finestre. E questo è uno delli remedii, che non ti dico quanti sono: numerarli tu. Tien serrato le finestre cosí tu.

Se mettessi una fanciulla in una camera serrata, la non vederà nulla se tu non apri le finestre e le vitriate; allora quella fanciulla vedrà li colori. Cosí tu fai che tu tenghi serrate le finestre di tuoi sentimenti, i quali, dappoi il peccato del nostro primo parente Adam, se ben Dio lo aveva creato intelligente di tutte le virtú naturali e soprannaturali, ma per il peccato questo nostro carcere se ottenebrò in modo che non è piú aperto di sopra a poter vedere il lume divino. Ma per le finestre de' sensi nostri entrano le specie nel nostro intelletto, perché siccome ben dice il savio: *Nihil in intellectu quod prius non fuerit in sensu* [3]: [cioè,] Nessuna cosa è rappresentata all'intelletto che prima non sia entrata per le finestre del senso; e piú oltra: *Oportet intelligentem phantasmata speculari* [4]. E in molti altri luoghi, come tu potrai vedere, che questi nostri sensi sono quelli per li quali entrano tutte le cose nello intelletto nostro.

E piglia un cieco nato, e parlagli di colori, che non saprà che cosa siano, perché non ha visto le specie, e né quelle diversità. Medesimamente, se tu pigli un sordo nato, e digli de' suoni e delle armonie e de quella concordanza del soprano, tenore, alto e contrabbasso, e' non saprà quel che tu dica, ché non ha mai udito suono. Cosí è l'anima nostra, come dice il savio: *Tamquam tabula rasa* [5]. Lo intelletto del mammolo piccolino non ha nessuna specie nell'intelletto suo, e se sarà allevato in una città santa, diventerà santo e sarà; se nutrito in una città scellerata e ribalda, diventarà simile ancora lui. E però questo è uno ottimo remedio a serrare queste finestre de' sensi nostri. E se pur qualche volta ti si rappresenta alcuna cosa di peccato, serra *immediate* le finestre e non lasciar entrare; ma esercita lo intelletto tuo a cose alte, a cose

48

divine, a cose supreme, e non a quel pomo; ma pensa che in questo paradiso vi sono di molto migliori frutti.

Ma un altro remedio: se pur ti venessi questo pomo innanzi delle vanità e delizie del mondo, e che il serpente facessi a te, come fece [a] Madonna Eva, che glielo rappresentò all'occhio e si gli disse che ne mangiassi, perché era *pulchrum visu et ad vescendum delectabile* [6], non voler credere cosí de facil al serpente, ma taglia via la scorza di questo pomo, e vederai, se tu lo sprezzerai con una viva fede, che questa dolcezza delle cose del mondo non sono se non come una ombra e di poco momento. E considera quel che disse Cristo: Quando si spezzorono gli cieli e che fu creato il mondo, fu solamente tanto quanto un granel de panico [7]. Or pensa quel che è un granel di panico, quando ben ti toccassi tutto; or pensa, di questo misero e fracido mondo, a volerne fare la parte a tanti, quanto ne toccaria?

Un altro remedio: stava Eva nel paradiso terrestre oziosa, perché Dio gli aveva fatti in modo felici e beati, per la innocenza loro, che non avevano bisogno di affaticarsi, ma la terra produceva frutti per se stessa. E però l'ozio fu in buona parte causa di farla prevaricare, come si dice che l'ozio *est animi vacantis passio* [8]. E però, se volete vivere cristianamente, fuggite l'ozio ed esercitatevi nelle opere virtuose e nelle meditazioni delle cose superne, ché se a questo modo avessi fatto Eva non incorreva nel peccato e nella morte dell'anima.

Un altro remedio ottimo, il qual se avessi fatto Eva forsi non aria ubbedito cosí presto al serpente: non tenere il corpo tuo morbido, perché molte volte questo corpaccio, chi lo impingua troppo, non è maraviglia che il ricalcitri allo spirito; dove che quando una persona convien che si affatichi a guadagnare il viver, li fuggeno li pensieri delle cose cattive e affaticandosi si applica a quello. E però è molto necessario e utilissimo a macerar il corpo suo, e con digiuni e con vigilie e con altre cose, per tenere basso questo corpaccio.

Præterea bisogna che tu lievi le occasioni che ti possono indur e ritornare al peccato. E sarà qualcuno che dirà: - Oh che mal è questo, se ben io andassi per passar il tempo in casa di questa e di quell'altra persona? Ché se io non vi andassi, farei forse peggio una volta. Io son chiaro che io non vi vo per male, e son certo che io non farò peccato. - Oh figliuol mio, e io ti dico che si vuol levar le occasioni, perché tu non sei da piú di uno Macario e di uno Ilarione e di uno san Jeronimo,[9] che non si confidavano, se ben erano nelli eremi in aspre penitenze, per le soggestioni diaboliche. E quando alcuni si maraviglia[va]no che san Jeronimo fuggiva, e gli dicevano: - Ohimé, tu fuggi! -, e lui respondeva: - Fuggendo, questa guerra si vince - [10].

E in Giovanni Cassiano si legge d'un giovanetto romano che, essendo convertito, lasciando il mondo se ne andò allo eremo e trovò un santo eremita vecchio, al quale disse: - Padre, io vi prego che mi vogliate accettare in vostra compagnia e ammaestrarme come debbo servire a Dio e salvare l'anima mia -. E il padre fu contento, dove in santissima vita e in aspre penitenze stetteno per trenta anni. E a capo di trenta, accascò che questo santo padre andò a Roma per volontà di Dio, e *sorte* capitò in casa del padre di quel giovane. E a caso ragionandosi il padre e la madre, dolendosi del suo figliuolo perduto, in tanto che si venne a discoprire che quel giovane era loro figliuolo; e con grande allegrezza il padre e la madre, fratelli e sorelle tutti li scrissono lettere. E ritornando il padre vecchio allo eremo, presentò a quel giovane un gran fascio di lettere per nome delli suoi parenti, le quali il giovane prese e mostrò di rallegrarsene molto, e andando alla sua cella le messe in un cantone e disse: - Oh lettere, voi non dovete sapere come, per fuggir le torbolenze e travagli del mondo, io abbandonai la mia patria, lasciai padre e madre, fratelli e sorelle, non apprezzando né stimando le delizie del senso, né ricchezze mondane, con desiderio e ferma speranza di acquistare maggior beni che quelli; e me ne venni in questo luogo deserto, dove per trenta anni son stato in tante fatiche, stenti, vigilie e digiuni, con tante tentazioni, con tante rebellioni del senso allo spirito. E ora voi siate venuti forse ad inquietare e perturbare l'animo mio; e voi, lettere, potresti esser causa de farmi perdere quello che in tanto tempo io ho acquistato. E però, lettere mie, abbiate pazienza, ch'io non vi voglio leggere! - e pigliandole, le gettò nel fuoco e le abbrugiò [11]. Cosí debbi fare se tu vuoi fuggir il peccato.

Fuggi le occasioni, né mai non ti confidar di te stesso mentre che sei nel tenebroso mondo, ché la fragilità e la miseria nostra è troppo grande. Ma perché fin qui non è peccato in fino Adam non consente, e però bisogna che questo primo uomo, Adam (che è il cuor tuo), non consenta; e se pur, o per fragilità o per sensualità o per qualche altro rispetto, ti vien rappresentato nel cuore una cosa di peccato, però ti bisogna ammazzar i primogeniti di Egitto. Fa' che *immediate* tu gli facci resistenza grande, e scacciala da te e non li lasciar far radice, che poi sarebbe maggior fatica, quando si fusse radicata la malizia e il vizio nel cuore.

Ma fermiamoci [12] un poco e seguitemo.

*   *   *   *   *

Li Lacedemoni avevano grandissima cura alla custodia e governo de' suoi figliuoli, e però avevano tre remedi. Primo: non lasciavano che li suoi figliuoli andassino in terre aliene, perché dubitavono che non imparassino delli vizii di quella città. Secondo: appresso non lasciavano entrar nelle sue città forestieri, se non per necessità, acciocché non introducessino qualche mal costume in la città loro. Terzo: non voleno che mai dinnanzi a' suoi figliuoli fusse parlato cose disoneste, né cose sporche.

Ehimé! oh nella mia città di Venezia, come si osserva questo che facevano gli Gentili, ma tutto il contrario! Che farà quel gentiluomo che averà un figliuolo de dieci o dodeci anni e lo manderà in Turchia o tra infideli? Ora pensa come quel fanciulletto possa introdur in sé un abito cristiano, e come il possa esser instrutto delli precetti de Cristo! Va piú oltra, e in questa vostra città vengono e stanno ogni sorte di persone, e Turchi e Giudei, ed eretici e peccatori d'ogni sorte: e non voleti che tutti li peccati del mondo non imparino li vostri figliuoli? S'anche non volete che gli odano parole sporche e lascive, giudicatelo voi: essendo la città tanto piena di meretrice che non possano andar li giovani vostri per le strade che non veggano e non odino cose disoneste e che farebbono titubare e non so chi, e con tanti libri lascivi di modo che nelle cose di Dio li vostri figliuoli sono peggio che uno da Buda.

E però le cattive compagnie sono molte volte causa delli peccati, e il simile le buone compagnie sono causa ancora delle virtú; ché se tu pratichi con una persona moderata e vertuosa, tu impari di quelli suoi costumi; e il medesimo, se conversi con uno scellerato e tristo, convien che tu impari qualche vizio e cattivo costume. Se tu vai alla religione in un santo convento tu diventi un santo, e se seranno li frati scellerati diventerai un ribaldo; perché una cosa fracida fa infracidare quelle che li sono appresso, e Cristo te lo dice: *Modicum fermentum totam massam corrumpit* [13].

Un altro remedio, qual mette Platone, come io tel dirò se me ricordarò: dice Platone che, se tu passi uno corrente fiume e che tu fermi l'occhio nell'acqua, quella acqua ti mena giú; e tu torni l'occhio nell'acqua, e lui va giú in tanto che per guardar fisso nell'acqua, per la debilità de l'occhio tuo, ti va aggirando intorno e non ti puoi tenere e forzati a cascare nel profondo e ti anniega. E però che non debbi fermarti nell'acqua, ma guardare fisso all'altra ripa, che passarai sicuro [14]. Cosí debbi fare tu, oh anima diletta! Non ti fermar con lo affetto, né con il desiderio tuo in queste cose basse, in queste cose vili, ma passa per esse come un rapidissimo fiume, risguardando solo alla ripa, cioè Cristo, che è il fine nostro e che maggior cose ci ha promesso e maggiori tesori che non si trovano qui, i quali per fede e speranza li puoi tenere per certo.

Uno altro remedio, che se Adam avessi fatto, non averia mai peccato contra Dio; perché se lui avesse considerato che per il peccato suo bisognava che Cristo venisse in terra per resarcirlo e per ricomperarlo, e che recevessi cosí crudele morte e passione, certo io credo che mai l'averia fatto. E però, gentiluomini miei, ogni volta che vi rappresenta fare un peccato, dite: - Oh, se gli Giudei messeno una volta Cristo in croce, facendo io il peccato lo torno a crucifiggere; e tante volte quante io fo il peccato, tante volte lo metto sul legno della croce e gli do delle ferite -: ma con maggior vituperio che non feceno li Ebrei, perché hai avuto maggior doni, maggior lume, maggior amore che non ebbeno loro. E nota che tanto è abominevole un peccato nel divin cospetto che se la Vergine Maria, che è madre del Figliuolo di Dio e sposa dello Spirito Santo, facessi un peccato in paradiso (per modo di parlare) lo Eterno Padre, Cristo e la Santa Trinità la scacciarebbono del cielo.

Uno altro remedio: dimmi un poco, se il populo ebreo, dappoi che Moisé per comandamento de Dio gli cavò di Egitto e aperse miracolosamente il Mare Rosso e li menorno nel deserto, dove si trovavano liberi da tanta tirannide e de tanta servitú, non gli aresti tu tenuti pazzi se avesseno voluto tornare in Egitto, come già tentarono? Ma se poi camminando e che ogni giorno avevon grazie da Dio, che li dette e li precetti e la manna, e che avessino voluto tornare ne lo Egitto, non sariano stati stolti? Ma se a capo di tempo, dappoi di aver caminato per il deserto ed entrati non solo in terra de promissione, ma condottogli nella città santa e fabbricatogli un tempio cosí mirabile, e che ancora avessino voluto tornare nello Egitto, certo tu diresti che fussino stati stoltissimi. Cosí intervenne ad Adam, il quale, se avessi considerato alle

53

grazie e al tesoro che aveva avuto da Dio de tanto lume, de tanta intelligenza e delle cose create e delle cose superiori, non avria mai acconsentito; ma solamente riguardò il pomo e la dolcezza di quello, e gli intervenne come a uno che abbia un gran febbricone e desidera bevere, e gli vien portato un gran vaso di acqua fresca e se lo beve tutto e per un poco li pare essere tutto refrigerato; ma *immediate* passato un poco poco gli torna maggior febbre e piú sete che prima.

E però, veneziani miei, io vorrei che considerassi quanto maggior ricchezze ti darà Cristo se abbandonarete questo [pomo del mondo] con lo affetto. Se non stimarete gli onori, ve ne darà di maggiori, ché vi farà signor del cielo e suoi fratelli, e figliuoli de Dio e abitacolo dello Spirito Santo. Se abbandonarete le delizie e sensualità di qua, ve ne darà di molto maggiori e senza comparazione, ché se gustareti le delizie dello Spirito vi parranno altra cosa. Perché queste cose di qua non sono vere, ma sono come una ombra e *proprie* come un sogno; e questo pomo del mondo [15] ha pochissimo sugo, ché se ben tu lo mettessi in uno strettoio tu non ne cavaresti tanto liquore, né tanto dolce, che saziassi solo una persona. Ora pensa, avendo a saziare tanti millioni de persone, quello che te ne toccaria! E poi questo poco di dolce è misturato con tanto amaro, con tanto veleno, che poco gusti la dolcezza. E però considera alla viltà, alla bassezza delle cose del mondo, che fino a gli savii del mondo conobbeno che era una vanità e se ne spiccavano, se ben non avevano il lume cristiano.

Ma se pur ancora ei non ti facessi perdere il cielo sarebbe uno grandissimo piacere, ma le sono cose che ti privono del paradiso; e se pur solamente perdessi il cielo e non perdessi la gloria saria manco male; e se pur perdessi la gloria e non perdessi la grazia de Dio tu non ti potresti chiamare infelice, perché chi ha la divina grazia ha ogni bene con sé; e se pur perdessi la grazia de Dio e che fussi solamente condannato in una carcere il saria manco male, ma peggio che sei condannato nel baratro infernale. E però considera dove ti conduce il peccato - e se pur allo inferno non vi fussino tormenti né pene si potria tollerare, ma puoi tener per certo che vi sono pene, cruciati e tormenti atrocissimi, e molto piú che non si può immaginare. E se pur in quelli cruciati vi fusse la speranza di uscirne a qualche tempo, seria causa che la pena saria piú leggera; ma è stato statuito *ab æterno* da Dio che l'abbia esser perpetua, e questa sentenza non si può revocare. Sicché ottimo remedio ti sarà, anima diletta, considerare a queste cose.

Appresso un altro remedio, la memoria della morte: *memorare novissima tua et in æternum non peccabis* [16]. Molto ti giovarà avere memoria spesso della morte; e se ti accadessi vedere morir qualche persona, con quelli atti, con quelle angonie [*sic*], con quelli occhi stralunati e con quella bocca spalancata, ti saria molto a proposito, e diresti: - Frate, ancora io ho da fare questo transito, e non so quando sarà l'ora, se la sarà stasera o domani; e tutto lascerò, se non quello che io averò operato, e ne averò da render minutamente conto dinnanzi al tribunal del giusto Giudice -.

Orsú, va' piú oltra: un altro remedio. Se pur torni nel peccato, non bisogna fare come Adam, che quando Dio gli disse: *Adam, ubi es?* [17] e lui si scusò. E però tu, se pur tu hai peccato, almanco vatti a confessare. E non sarebbe sí gran cosa che ciascun di voi si trovasse un padre spirituale secretamente, e ogni otto giorni andaretene a lui, e senza preamboli e tante cerimonie, ma inginocchiati davanti a lui e fatti il segno della croce, e di': *Confiteor Deo*, ecc. E dappoi di': - Padre, io mi accuso che, poi confessato, sono incorso nel tal e tal peccato - e non piú. E quel padre ti porrà la mano in capo e ti assolverà, dicendo: *Ego te absolvo in nomine Patris et Filii et Spiritus Sancti. Amen.* E ti restituirà nella perduta grazia con la virtú e autorità e meriti de Cristo, e accrescerai nelle virtú, e ti gioverà che per qualche poco farai violenza al peccato e ti retinerai.

O almanco, se non vuoi fare questo *immediate* fatto il peccato, duoltene infra te di avere offeso Dio principalmente e poi l'anima tua, con fermo presupposito confessartene e chiamartene in colpa al tempo debito. E se ancora questo non vuoi fare, almanco fa' che ogni sera tu ti doglia dinnanzi a gli piedi di Cristo di tutti li peccati che tu avessi commesso quel dí, e di non avere speso quel giorno a onor e gloria sua e a salute del prossimo, come sei obbligato.

E fatelo, vi prego, fate un poco di resistenza! Ché io vi prometto, se facessi resistenza per quindeci giorni e non piú, voi faresti un abito che piú non peccaresti, perché l'è molto piú difficile fare il male che il bene. [Considerate li annali de' Frati Minori,] dove si legge che al tempo di san Bernardino, che predicava in Roma, un gran prelato, essendosi confessato e pentito delli s[u]oi peccati, andò a trovare questo santo e se li disse: - Fra Bernardino, io mi sono confessato e pentito con gran contrizioni di ogni mio peccato, ma dubito che [per] la fragilità mia e per li travagli del mondo io non mi potrò contenere da non vi tornare piú -. (E questo era il Sabato delle Palme.) Rispose san Bernardino: - Fatemi un piacer, per quanto amore portate a Dio e per quanto amor Cristo ha portato a voi: forzatevi di non piú peccare per tutto domani e tornate da me! -. Fece resistenza il prelato e non peccò. Tornato poi la sera, disse: - Fra Bernardino, io ringrazio Dio che io non ho peccato oggi -. - Orsú - rispose san Bernardino, - fatemi un altro piacere, per quanto amore che Cristo ha portato alla umana natura di averci creati alla immagine sua: forzatevi di non peccare domani! - Promesse [18], e non fece peccato; e tornando, lo disse al frate, e san Bernardino gli disse: - Per reverenza di tutte le fatiche che Cristo ha fatto e patito per voi in trentatré anni: forzatevi di non peccare domani! -. E cosí fece. Il mercore lo pregò per gli trenta denari che Cristo fu venduto; il giovedí per li quaranta giorni che digiunò nel deserto; il venerdí per la amarissima passione e sangue sparso per noi; il sabato per la sepultura e spogliar il limbo delli santi padri;

e la dominica per quella resurrezione, qual è stata causa da farci sperare con fede che ancora noi abbiamo a resuscitare gloriosi in patria. Di modo tale che, vedendo il prelato essere stato otto giorni senza fare peccato, ritornò a san Bernardino e dissegli: - Padre, io non voglio piú tregua con Cristo, ma voglio fare una perpetua pace; perché sí come sono stato otto giorni senza fare peccato, cosí spero con la virtú de Dio conservarmi in tutto il tempo della mia vita -.[19] Però, gentiluomini, *principiis obsta*: fate un poco violenza che vincerete!

Orsú, cinquanta parole e faremo fine. Io ho una grandissima paura che per fragilità, o per qualche altra causa, voi non torniate al vomito, e che non vogliati dare fede al serpente, che disse ad Adam ed Eva: *Eritis sicut dii* [20]. Cosí mi dubito non dica a voi, madonne (ché voglio cominciar da voi): - *Eritis sicut dii*: lasciatevi lo bene e portate delle vanità assai, che ognuno vi correrà drieto e vi teranno per dee, ognuno si maravigliarà della vostra bellezza! - Andarà ancora [a] quel gentiluomo e dirà: - Fa' pur delle usure, che quando arai ben accumulato serai *sicut dii* e farai ciò che vorrai! -. A quell'altro superbo dirà: - *Eritis sicut dii* nelli onori, nelle ambizioni e nelle dignità, e ti propone quella cosa innanzi come un dio, e tu la accetti per buona -. E però vedi che uno superbo non stima roba se non in questo: gli serve alli onori e dignità, e purché adempia il suo desiderio di quella altezza e di quella gloria umana, li basta. Uno avaro non si cura de delizie, né di onori, perché il suo intento non è se non de accomulare [*sic*]. Quel lascivo non si cura di roba, ma spende e spande purché sazii il desiderio suo. Un che si dà alle lettere non si diletta se non delli suoi libri. E però quando il diavolo e questo iniquo serpente vi persuade le cose di peccato, fateli resistenza e non le accettate!

Appresso vi dirà questo serpente: - Mangiate pur, ché *non moriemni* [21]; ma pigliate pur piaceri e acquistate roba, onori e dignità, ché per questo non morrete. E poi alla vecchiezza vi bastarà pentirvi e ancora la misericordia de

57

Dio è grande, ché averà compassione alla fragilità e alle miserie vostre, ecc. -.
Ma non li vogliate credere, ché gli è un bugiardo e fallace, né mai dice il
vero: fa per sedurci! Promesse ad Adam che il saria come Dio e che il
non morrebbe, il che fu in contrario, ché per il peccato perse il lume
e la cognizione della verità, e poi morse. E però non lo ascoltate, perché
il vi farà precipitare e ne verrà la morte alla sprovvista. E se ben la misericordia de Dio è grande, anche la giustizia è infinita e bisogna che abbia suo
loco.

Parecchi ricordi e remedii avete avuto da conservarvi senza fare peccati;
ma se pur volete peccare, fatene quanti volete, ché io mi [v]oglio di tutti farne
la penitenza per voi, che io son contento. Ma voglio che ci sia una condizion
sola: dimmi un poco, se tu facesti un peccato disonesto o qualche gran
sporcheria, non ti vergognaresti tu di esser veduto? Mi dirai di sí. Oh, se tu
puoi fare peccato che Dio e Cristo non ti veda, fanne quanti tu vuoi! Ohimé,
che tu puoi bene farlo secretamente e in luogo ascosto, ma Dio vede tutto e in
ogni luogo è presente, e non puoi fare cosa che lui non la veda, e che la puzza
e fetore non gionga fino al cielo. E però doveresti vergognarvi a fare
dinnanzi a un uomo terreno e a non considerare che in ogni luoco è Dio e vede
le tue sporcizie e carogne. E però diceva il profeta: *Prævidebam Dominum
in conspectu meo semper, quoniam a dextris est michi* [22]: [cioè,] Signore, tu
sempre sei alle mie opere presente, e non mi posso ascondere né fuggire
innanzi al tuo divin cospetto, e continuamente mi sei al lato destro.

Orsú, venticinque parole e torrò licenza da voi.

Avendo finito le nostre predicazioni, volendo pigliare licenza da voi
e vedendo che gli predicatori al partir suo pigliano alcune belle licenze
quando si vogliono partire, per il che quando io cominciai predicare me
ne andai a un nostro padre da bene e gli disse: - Padre, di grazia, insegnatemi

a pigliare una bella licenza -; il qual mi disse: - Molto volontieri. Fa' cosí: come hai finito di predicare, piglia il mantello e volta le spalle e vattene giú del pulpito! -.

Pur dirò dieci parole, perché io ho inteso che sono stato calunniato di alcune cose, e *præcipue* di eresie; e perché il bisogna discendere a' particolari, dicono che io ho negato il purgatorio. In questo io vi dico che io non ho negato il purgatorio, anzi io tengo chiaro e certo che vi sia - e Martino Luter lo tiene! E io ringrazio Dio che non credo esser eretico in conto alcuno, pure mi offerisco a chiarire la mente di ciascuno in quanto io ho detto. Starò qui oggi e domani, eccetto per dua ore che ho ad andare fuora per un servizio; la camera starà aperta a ognuno che verrà, e non satisfacendo e bisognando, io son per retrattarmi di quanto avessi detto. Ma credo che non bisognarà, perché fin qui ho predicato trenta quaresime e non li ho avuto a fare, perché io sono cattolico e fidele alla Chiesa nostra, quale io tengo per santissima, e a quella voglio credere finché ne vedrò un'altra migliore. Potria essere se io ne vedessi una altra migliore (che non è possibile) che io me aderessi a quella; ma per ora io non la veggio. E perché hanno detto delle indulgenze: e se io non avessi pensato che fussino buone le indulgenze *per modum suffragii* io non ve le arei annonziate.

Ma voglio bene scusarmi con Cristo, il quale indegnamente vi ho predicato questa quaresima, perché io non l'ho fatto interamente e in questa sincerità e in quella verità come era lo mio officio, e che le parole mie non sono uscite di una viva fornace e come uno ferro caldente che avessino avuto forza de infiammare, accendere e illuminare tutti li vostri cuori, e unirvi e trasformarvi in Cristo per una viva fede, speranza e soprattutto di un'ardente carità verso de Dio e del prossimo. E perché il potria essere che io avessi offeso qualcuno nelle prediche mie, massime circa gli vizii, e quando questi fussi me ne dorrebbe infino al cuore, certificandovi però che la intenzion mia

59

non è stata altro che fare frutto in Cristo e riportare qualche anima nel grembo della santa madre Chiesa.

Vi raccomando tutti e' luochi pii che ne avete assai in questa vostra città, e di quelli bastardini e delli incurabili poveri, vergognosi e derelitti, e altri ospitali, e molti monasterii di religiosi buoni e santi, che tutte sono opere piissime. Vi ringrazio poi tutti della carità mi avete mostrato in molti modi, e delli presenti che non voglio nominare particolarmente alcuno, che forse non l'arebbeno per bene, salvo de Misser lo Piovano, il qual mi ha fatto tanta buona compagnia e tante buone carezze, come se io fussi stato suo padre; e non solo lui, ma tutti gli altri di casa sua, per il che gliene resto obbligato, e cosí a tutti voi. Ché certo io ho trovato tanta carità che mentre viverò mi sarete nel cuore, e se ben da voi sarò assente ne averò continua memoria e pregarò sempre Dio per voi; e dove io mi trovarò che io veda qualcuno di questa città, lo abbracciarò e mi parrà vedere un mio cordialissimo fratello [23]. E spero ancora tornare una altra volta a trovarvi, se dalli superiori mi serà comandato.

Io non voglio dirvi altro, salvo pregarvi tutti che vogliate deponere le vestimente vecchie delli peccati e delle male consuetudini e vestirvi de Cristo crocifisso, quale indegnamente vi ho predicato questo tempo, ricordandovi che siate solleciti alcuna volta udire il verbo de Dio, acciocché lo spirito non si addormenti e non s'intepidisca qualche volta alle prediche, massime la dominica, che molto vi gioverà. E potrete andare all'Ospitale delli Incurabili, dove intendo che si predicarà la festa da un padre che io non conosco, ma per quanto ho avuto informazione è persona dottissima e di gran santità.

Io vorrei pregarvi che fussi contenti di farmi un presente d'una grazia che io voglio domandarvi, immo Cristo ve lo prega, e io per parte sua ve ne prego e ve lo domando di grazia che la vogliate fare: e questa è che abbiate Cristo e la sua passione e morte sempre fisso nel cuore vostro. Fate che questo sia il vostro specchio, la vostra vita, la felicità, il gaudio, la speranza, la gloria, l'amore e ogni vostro bene, in modo tale che il cuore, li sensi, la memoria, lo intelletto e ogni altra cosa sia tutto piena di Cristo. Perché quando una cosa è piena non vi può entrar altro; cosí chi sarà pieno di Cristo non vi potrà intrare cosa mondana, che trovarà che la stanza sarà stata presa e converrà partirsi. Di qui cavarete ogni sapore, ogni gusto, ogni dolcezza; di qui imparerete ogni virtú in supremo grado. Se serai accidioso, contemplando la vita di Cristo laboriosa ti svegliarai ad operare; se sei superbo, con la umilità sua diventarai umile; se avaro, dalla sua liberalità diventerai caritativo; se delizioso e sensuale, vedendolo abbeverar di fiele e di aceto diventarai parchissimo; e finalmente tutte le virtú troverai e acquisterai per lui.

E però questo sia il vostro specchio, qual in questa mattina ci è rappresentato nel sacro evangelio che apparse in quella stanza alli undeci discepoli e disse loro: *Pax vobis! et ostendit eis manus et latus* [24], a denotarti che dove è Cristo sempre vi è pace, sí nello interiore come nello esteriore; e mostrolli le sacre stimmate, acciò ei vedessino che egli era glorioso e piú passibile. E acciocché per imprimergli ben nella mente la sua passione, e ancora volse che Tommaso mettessi la mano nel costato: acciocché fussimo chiari e certi, e che in quello ci possiamo salvare da tutti gli pericoli, per essere luogo sicurissimo, a difenderci e dalli peccati e dalla morte e dalle mani di Lucifero, a fortificarci contra il mondo, contra la carne, contra il demonio; e per darci speranza de confidarci in Cristo, che essendo nato per noi e morto per noi e per ricomperare il nostro prezzo, abbiamo una viva fede che le sue fatiche sono nostre, gli suoi digiuni nostri, le sue prediche nostre, le sue lagrime nostre, la sua passione nostra, il suo sangue sparso nostro, gli suoi meriti nostri, e ogni bene suo è nostro.

Per questo dono, questo tesoro e questo specchio di Cristo crocifisso vi lascio - per me indegnamente predicatore - questo tempio, il quale lascio per corona de li sacerdoti e a gli capi spirituali e temporali. A voi, madonne, ve lo lascio per la vostra bellezza; a gli avari per sua ricchezza; a gli superbi per farsi onorati; a gli lascivi per sua delizia. E cosí a tutti gli stati e condizioni di ciascuno ve lo lascio per vostro capitano, per guida, per refugio e per refrigerio a tutti gli tribolati. Andate a questo Cristo [ad] arricchirvi e inebriarvi, a farvi felici di qua per grazia e nell'altra vita per gloria, alla quale tutti Dio vi conduchi! Amen.

Predica Settima

Del lun[ed]í di Pasqua

Benché tutte le operazioni e perfezioni di Dio siano manifeste, nientedimanco in Cristo supremamente si vede risplender la onnipotenza, la bontà, le grazie, li tesori, le virtú, la felicità, la carità e finalmente ogni perfezione. E voglio dir una parola: in questo evangelio di oggi si vede la grandissima carità e amor che ha portato Cristo alli sua eletti, e questa serà la allegra e bona nova che io voglio darvi; e però minutamente andaremo rompendo e masticando la scorza de la lettera di questo sacro evangelio per trarne fuora li sentimenti spirituali. Però sarà util materia, e però prestate grata audienza e cominciaremo al nome de Gesú.

Dua delli discepoli di Cristo, essendo tutti smarriti per la morte di Cristo e tremefatti per paura che li Giudei, per essere stati sua discepoli, non li perseguitasseno, e però si partirono dalla città santa di Hierusalem e se ne andaveno a un castelletto chiamato Em[m]aus, discosto di Hierusalem settanta stadia (che sono sette miglia e mezzo in circa), confabulando delle cose seguite nel suo maestro: volendo innuire che, quando abbiamo perso Cristo, ci partiamo dalla città santa e ce ne andiamo in uno castello piccolo di questo mondo. E Cristo si accompagnò con loro e li intrattenne sino che se approssimava la sera. E però li dua discepoli lo costrinseno, se ben non lo cognoscevano, che restassi ad albergar con loro: e cosí restò. E seduti che furno a cena, *cognoverunt eum in fractione panis* [1]: cioè, Nel romper el pane cognobbeno Cristo.

Il che non senza gran misterio è questo voler cognoscer Cristo nel franger el pane; e sono alcuni che considerano li beneficii de Dio superficialmente, e solamente vedendo quel beneficio e non passano piú [in] là e vi si fermano in quello, e però non cavano frutto né sapore alcuno. E però ti bisogna romper e masticar questa scorza e considerar il beneficio in sé e questi tesori vi sono dentro, e poi masticar chi è quello che tel fa e la grandezza sua, poi considerar a chi lo fa - a una sí vil creatura come sei tu, ché di quante cose Dio ha create non è nessuna che sia rebelle a Dio se non l'omo. Vedi le piante, sempre obbediente a quel ordine che Dio li ha dato; li fiumi mai tornano adrieto del corso suo; li cieli e ogni altra cosa mai non resta da suoi moti e dalle sue operazioni; solo la creatura razionale è che si disordina per il peccato dal suo fine, che è Dio. Dappoi considera la causa perché te li fa, non per tuo merito alcuno, ma mosso dalla sua ardente carità, tanti doni, tante grazie, tanti lumi e tanti tesori che sarai sforzato in questa frazione cognoscer che gli è Cristo, che gli è Dio.

Appresso sono alcuni che sono tutti senso, e che solo veggono le cose create, e in quelle si fermano né passano piú avanti, e se delettano nelle create cose che veggono in terra; il che non bisogna far, ma *immediate* franger e macinar questo e dir: - Tutte queste cose le ha create Dio per uso nostro e per nostra utilità, acciocché servendo con noi nelli nostri bisogni lo abbiamo a ringraziar di tanti doni e di tante grazie concesse alla umana generazione -; e qui tu verrai a confessare la onnipotenza e la sapienza di Dio, e infinitamente la bontà. Sicché rompendo questo pane verrai a cognoscer Dio.

Sono poi alcuni altri che contemplano Dio nelle cose naturali e vogliono intender le cause delle cose, ma questa speculazione non trapassa, non ascende al cielo. E però, non come gli savii del mondo che si fermano nelle cose naturali, ma bisogna romper e masticar bene questo pane, e tener fermo e certo che tutto *ab æterno* è proceduto da Dio, dalla sua onnipotenza e dalla sua bontà, e in questa frazione tu cognoscerai Dio.

Appresso sono alcuni che studiano la Scrittura Sacra - e il Vecchio e Novo Testamento - ma superficialmente e secondo la littera, non considerando se non alle istorie. Ma bisogna che tu rompi, che tu spezzi, che tu frangi quelle figure, quelli accidenti, quelle similitudine, e considerar che Cristo è stato adempiuto ogni cosa, e che allora tutto era in ombra e in similitudine, ma a noi è stato dimostrato la verità.

Appresso sono alcuni che contemplano Cristo concetto, Cristo nato, Cristo andare in Egitto - ma cosí naturalmente e umanamente. Ma bisogna franger questo pane e contemplar di dove è venuto e a che fin, dove trovando tu che altro non è stato la causa se non lo amore sviscerato che ha portato a noi, venirai nella cognizion de Dio.

Præterea sono alcuni che contemplano Cristo su la croce, ma non vedono in lui se non li cruciati e li tormenti, le spine e li chiodi e la lanza. Ma bisogna che tu rompi questo pane, che tu lo mastichi e che tu lo rumini e che tu lo macini bene, alla similitudine di Maria, che *conservabat omnia verba hæc conferens in corde suo* [2]. Ruminava li alti secreti celesti Maria: cosí debbi far tu. E non solo debbi considerar a quella passione, a quelli cruciati e a quelle pene, ma contempla[r] a che fine e a che causa li ha mosso; dove tu troverai non esser stato altro che l'ardente sua carità la qual lo ha fatto venir de ciel in terra per ricomperar le nostre colpe, in uno per trasformarsi in noi e che noi si transformiamo in lui, non per bisogno che lui abbia di noi né delle opere nostre, ma per darci el cielo e per farci dei.

Sicché se tu romperai questo pane, se lo frangerai, se lo masticherai e se lo macinerai bene, verrai a cognoscer Cristo e Dio in questa frazione; il che, stando nella scorza, non si può venir in questa cognizione, e non lo cognoscendo non ti puoi accender e non ti puoi infiammar a ricognoscer tanti innumerabili tesori alla umana natura concessi. E però spezza, rompi, frangi e rumina, acciocché Cristo si faccia manifesto a te come fe' a questi dua discepoli.

Ma fermiamoci un poco poco.

*   *   *

Non è gran cosa lasciar le dolcezze del mondo per le dolcezze di Cristo, perché sono molto maggiori, e ogni ghiotto lo faria, perché vi si trova piú gusto e piú sapori nelle delizie spirituali che non si fa in quelle del mondo; né seria gran cosa lasciar le ricchezze e tesori del mondo per quelli di Cristo, perché sono maggiori senza comparazione alcuna. Ma la virtú sta ad abbandonar le delizie del mondo per la croce di Cristo, le ricchezze del mondo per la povertà di Cristo, li onori e dignità del mondo per li obbrobrii e vituperii di Cristo. Qui consiste la perfezione, e non in gustar Cristo dolce, Cristo piacevole e Cristo suave. E nota che li apostoli seguivano Cristo per la sua dolcezza e per la suavità delle sue parole e delle sue prediche e della sua conversazione tanto dolce e benigna, perché erano pur ancor pieni de amore proprio perfin che non venne lo Spirito Santo a confermarli, a stabilirli e a fargli impeccabili; ma fino a quel tempo seguitono Cristo sempre per suo contento proprio e non per spirito, perché sentivano dolcezze incomprensibile, gusti inestimabili. Ma quando si cominciò approssimar alla passione, alle angustie e alli affanni, tutti persono la fede, ed è chi lo abbandonava e chi lo fuggiva e chi lo negava e chi lo tradiva, in modo tale che ognuno si tirò adrieto e non lo seguivano nelle passioni se non solo la madre.

E però questi dua discepoli che ci rappresenta oggi lo evangelio, avendo perduto Cristo per la morte, erano rimasi tristi, malinconici, per le perdute delizie e contenti spirituali che avevano della presenza di Cristo. Con questa tristezza si partirono dalla città santa per andare in Em[m]aus, e confabulando insieme, come sempre accasca che, se uno ha uno fastidio e una molestia grande dentro nell'animo suo, purché el possa aver una persona cara e fidele con la qual el possa aprir il cor suo e manifestarli la sua amaritudine, li par a quel tale in gran parte alleviar la sua pena; cosí intervenne a questi dua discepoli che, essendo partiti dalla città santa, *loquebant ad invicem de hiis omnibus quæ acciderant* [3] - andavano ragionando insieme. E di quel che parlassino lo evangelista non lo dice, ma egli è da creder piamente che l'uno di loro dicessi: - Ohimé! certo gli è gran cosa che questo nostro maestro, che è stato tanto buono, tanto santo, tanto pieno de virtú, e che non abbiamo [4] mai visto in lui se non opere buone, opere divine, e che abbiamo visto che gli abbia fatto tanto crudel, tanto obbrobriosa e tanto vituperosa morte! Certo io mi sono ingannato, ché io credeva ch'el fussi Figliol de Dio; ma s'el fussi stato, non aria sopportato cosí crudel morte. Sicché io sto con grande ammirazione, e non so quel che mi debba credere di lui -.

Al che rispose l'altro: - Sappi che sei in grande errore e io sono tutto il contrario; anzi adesso mi confermo e mi stabilisco piú nella opinion mia ch'el sia vero Figliol de Dio. E se io rimovessi da me li respetti umani e il mio amor proprio, e che solo mi lasciassi guidar allo spirito che io sento in me di questo nostro maestro certissimo, non solo per timore non mi saria partito dalla città santa ma animosamente andaria in Hierusalem a confessare che gli era Figliuol de Dio; e se ben fussi posto in croce, come gli è stato lui, non me ne curaria. E vuoi lo tu veder che come disse lui stesso: *Si mundus vos odit, scitote quia me priorem vobis odio habuit* [5]. Appunto perché il mondo lo ha avuto in odio, questo mi denota e fa chiaro che gli è Figliuol de Dio e che le opere sue non sono state secondo il mondo; immo lui ha sempre discoperto le opere del mondo triste e cattive, e quelle senza rispetto riprendeva e testificava, dicendo: *Quia opera eius mala sunt* [6], perché le opere del mondo e de li scribi e farisei erano triste e scellerate. E quanto piú uno è perfetto, tanto piú el mondo e li cattivi lo hanno in odio; *hinc est* che non essendo mai stato persona nissuna che abbia mai possuto aggiunger alla bontà e alla perfezion di Cristo (perché lui era Dio e omo), pur perché el descopriva audacemente li defetti e peccati de' principi e farisei, e perché mai non era stato nissuna persona tanto contro alle opere sue, per questo io tengo certo - disse questo discepolo - che li hanno fatto far la piú cruda morte, la piú aspra e la piú abominevole e obbrobriosa che mai abbia fatto nessun'altra persona.

- *Præterea* s'el non fussi stato Figliuol de Dio, va' leggi le Scritture, e la sua dottrina tu non vi trovarai in tutte le altre leggi; immo non è possibile alla legge e dottrina di Cristo poter aggiugner un minimo grado di perfezione, che tutte non si contengono supremamente nella legge di Cristo. *Præterea* io non trovo che nella legge sua el prometta cose terrene, ma non promette in questa vita se non fatiche e stenti. E vediamo ch'el non ha voluto nascer grande quanto al mondo, ma poverissimo; non ha voluto mai delizie del senso, perché solo aspirava ed era intento alle cose celeste; e questa istessa via ha insegnato a tutti li suoi discepoli. *Præterea* noi abbiamo visto che quando lo volseno far re non lo ha voluto accettare, perché diceva che il regno suo non era qui; e questo medesimo ha voluto nelli suoi apostoli, che non li ha tolti gran maestri,

Predica Settima

ma poveri e umili pescatori: il che tutto mi manifesta che gli è Figliuol de Dio. *Præterea* vediamo ch'el non ha cercato amicizie di persone grande né di signori perché lo facessino grande, ma sempre li ha fuggiti; immo acerimamente li reprendeva delli suoi errori senza un rispetto al mondo: e molti altri segni, che tutto mi fa chiaro che gli è Figliuolo de Dio. - (Ma sputate, ecc.)

Rispose quell'altro primo: - Tu di' ben il vero, ma pur egli è una gran cosa se gli era Figliuol de Dio. Ma v[u]oi tu che io ti dica: s'el non è Figliuol de Dio gli è il piú cattivo e il piú superbo omo che mai sia stato, a volerci ingannare e farsi da piú di quel che gli è; e la legge sua non potrà durare, perché non essendo vero Figliuol de Dio ce ne acchiariremo presto, ché la dottrina sua anderà presto per terra. Se anche sarà stato Figliuol de Dio, la sua dottrina e la sua legge sarà piú magnificata ora che l'è morto, e se ampliarà e crescerà ogni giorno piú. E forsi el potria ancor esser ch'el resuscitassi, benché le donne hanno ditto che l'è resuscitato (ma, a dirti il vero, el non è da dar troppo credito alle parole de donne). -

Al che rispose l'altro discipolo: - Ohimé, ancor mi par che tu dubiti, e a me mi par esser chiarissimo e certo che sia Figliuolo de Dio. Dimmi un puoco: non ti ricordi quando el ci predisse tutta questa passione sua? *Ecce ascendimus Hierosolimam et filius hominis tradetur principibus sacerdotum et scribis et condemnabunt eum morte et tradent eum gentibus ad illudendum et flagellandum et crucifigendum, et tertia die resurget* [7]. A me mi par ch'el predisse tutto quello che è intervenuto, ch'el Figliuol de Dio saria tradito a' principi de' sacerdoti e a gli scribi, i quali dariano la impia sentenza e lo condannariano a morte e lo dariano in man de' Gentili, dai quali saria illuso, flagellato e crucifisso e morto. Ed essendo Figliol di Dio (come io son certo) aria possuto fuggire questa furia della iniquità de' Giudei, se avesse voluto; siccome abbiamo visto che quando lo volseno lapidar, *abscondit se et exivit de templo* [8], e quando lo volseno pigliar, se ne andò nel deserto. Il medesimo poteva far della morte e passione sua, ma non volse se non volontariamente esponersi come uno agnello immaculato per ricomperarci dal peccato.

- *Præterea*, dove mi trovarai uno che in lui siano adimpite tutte le figure e tutte le profezie della Sacra Scrittura? Certo in nessuno non le trovarai. Ma in questo Cristo tutto mi parono adimpite, cominciando da Abraam, al qual fu ditto: *In semine tuo benedicentur omnes gentes* [9]; a David: *De fructo ventris tui ponam super sedem tuam* [10]; Isaia, che nascerà di una vergine, e che faria uno figliuolo e aria nome Gesú, el qual regnaria in eterno e che el regno suo non aria mai fine; e Michea, dove doveva nasser: *Et tu, Bethlehem, terra Iuda* [11]. Sicché essendo stato figurato e profetato tanti centenara e migliara de anni innanzi, e tutto dicevano per bocca de Dio, el qual non può fallire, e hanno ditto che questo Gesú saria el Messia che doveva venire a liberarli, è stato profetato anche della sua passione. Per il che abbiamo da tenir per certo che lui è il vero Messia e che piú non ne venirà, perché ogni figura e ogni cosa della Sacra Scrittura in Cristo è adimpiuto.

- Ma sopra ogni altra cosa me lo fa creder il modo suo, la vita sua, li ammaistramenti suoi, ch'io non trovo che siano mai piú state in nissuna altra persona che sia stata nel Vecchio Testamento, cominciando da Abel, el qual fu da Dio commendato per sua purità di far il sacrificio bono e perfetto; similmente Enoch è stato commendato per el ratto; Noé per la pudicizia; Abraam per la fede; Isaach per la obbedienza; Iacob per la sollicitudine; Iosef per li sogni; David per la profezia; Salamone per la sapienza; Moisé per la orazione; Aaron per la divozione; Isaia per la innocenza; Geremia per la dilezione; Iuda Macabeo per la verità; santo Giovanni Battista per la penitenza; e cosí tutti li altri santi precedenti, chi de una virtú e chi de un'altra. Ma nel nostro Maestro, se tu consideri bene, tutte queste virtú e tutte quante se ne possono trovare sono state nel supremo grado in Cristo, immo soprabbondantemente ha eccedute a quelle.

Predica Settima

- Ma v[u]oine veder maggior segno che in piú alto e supremo modo è stato magnificato ed esaltato e da Dio e da tutte le creature? E prima nel suo concetto: quel fu miracoloso, nel qual mandò Dio l'angelo ad annunciar questo gran misterio, el qual concetto non è stato secondo li altri omini umani. E poi nel ventre della madre cominciò a esser magnificato, quando la Madonna andò *in montana* [di] Giudea [12], e che Elisabet[h] sentí che santo Giovanni che esultava e faceva riverenza nel ventre suo al Figliol di Dio, dove Elisabeth per allegrezza fece quel cantico. E poi Zaccaria, che non potendo parlare per tanto tempo se li aperse e sciolse la lingua e disse: *Benedictus Dominus Deus Israel, quia visitavit et fecit redemptionem plebis suae* [13].

- Vedelo poi alla sua natività, che cantavano li angioli: *Gloria in excelsis Deo* [14]. Vedo li magi partirsi da l'Oriente per venir ad adorarlo; vedo la stella apparir nel cielo oltra il suo solito per loro guida; veda poi in trentatré anni esser cognosciuto per Dio da tante persone, e prima delli suoi discepoli, che in una parola si partivono dalli lor parenti e dalle proprie case e lo seguivano, non già per premio temporale che li promettessi, ma solo affanni, stenti e cruciati, e gli andavano drieto. E Pietro diceva: *Tu es Christus filius Dei* [15]; la cananea: *Miserere mihi, fili David!* [16]; e il centurione: *Domine, non sum dignus* [17]; e la samaritana: *Numquid ipse est Christus?* [18]; e san Giovanni Battista che, tremando nel Giordano per battezzarlo, sentí la divina voce: *Hic est filius meus dilectus, in quo mihi bene complacui* [19]; e Nathanael: *Hic est Christus filius Dei* [20]; e tanti altri.

- E non solo li suoi discepoli, ma infino alli tristi e quelli che lo perseguitavano erano sforzati a confessar che era Dio, e che la potenza sua era molto maggior che non potenza umana, dove Caifas diceva: *Expedit vobis ut unus moriatur homo pro populo* [21], dubitando che non si facessi Signore del tutto per la sua gran sapienza e gran potenza, che era sopraumana. Similmente Pilato cognosceva che era Figliuolo de Dio, e per tal causa molte prove fece

Predica Settima

per liberarlo, come hai inteso, e con una sola parola che Cristo avessi ditto lo averia liberato; e però non lo possendo aiutar, disse: *Innocens ego sum a sanguine iusti huius* [22]. E la moglie di Pilato, che li mandò a dir che per niente non lo facessi morire: *Nihil tibi et iusto illi* [23]. Ma che vuoi piú ch'el traditor, Giuda? [24] Subito si ricognobbe e disse: *Peccavi tradens sanguinem iustum* [25]. E in su la croce el ladrone, che mai non aveva fatto se non mali e se non ribaldarie, vedendo Cristo in su la croce non come Re o Signore ma in mezzo de dua ladri e schernito, vilipeso e ingiuriato, e pur cognobbe che era Figliuol de Dio, e però disse: *Domine, memento mei dum veneris in regnum tuum* [26], e per quella viva fede meritò di esser il primo che andasse in paradiso.

- Sento poi che per la morte sua si oscurò il sole, tremò la terra, el velo del tempio si aperse, le sepolture si aprirno, e tanti altri segni del cielo e de la terra che mai per nessuna altra persona abbiamo visto. E però non dubitar niente, ma tien per certo e fermo ch'el sia Figliuol de Dio, e quel che ci averà liberato, non della babilonia servitú di settanta anni, né dallo esilio persico di cinquanta, né da quella cattività di centotrenta anni, ma quello che arà liberato l'umana generazione dalla morte perpetua e ci darà il cielo, secondo ci ha promesso, con tutta la gloria sua. -

Ma fermiamoci un poco, ecc.

* * *

Et factum est dum fabularentur et secum quærerent [27]: Ragionando cosí insieme, Cristo si accompagnò con loro in forma di pellegrino, a denotarti che dove si parla di Cristo sempre lui è in mezzo; el qual disse a loro: *Qui sunt sermones hi quos confertis ad invicem?* [28]: Di che parlate voi e siati cosí di mala voglia? A che rispose Cleofas, non lo cognoscendo: - Tu solo, peregrino, sei in Hierusalem e non sai quello che è seguito in questi giorni? - [29]. E nota una esposizione: *Tu solus peregrinus*: sempre tu vederai che, quando hai una cosa nel core molto fissa, tu credi che ognuno, senza che tu esprima el tuo concetto, ti intenda. O un'altra esposizione: Tu solo, fra tanti peregrini che sono in Hierusalem, ignori di quel gran spettaculo di venerdí passato? Ovvero: *Tu solus peregrinus* sei quello che sei venuto di cielo in terra, partito dalla destra del Padre per venire in questa valle oscura e tenebrosa, per pigliare sopra di sé tutte le miserie e le infermità nostre [30] e ricomperarci con el tuo prezioso sangue dalle man di Lucifero, e pagar per noi tutte le nostre colpe?

Al che rispose Cristo: - Che cosa? -. Dissero allora: - Di Gesú Nazareno, che fu uno gran profeta nelle parole e nelle opere sue, e come dalli summi sacerdoti e principi è stato condennato alla morte e lo hanno crucifisso. E noi speravamo ch'el fussi la redenzion de Isdrael [*sic*]; nientedimanco sono già tre giorni che questo fu, e ancor non è resuscitato. L'è ben vero che le nostre donne hanno ditto esser state al monumento, e che non lo hanno trovato, ma che hanno trovato li angeli, quali hanno ditto esser resuscitato; pur tu sai che alle donne non bisogna dar molto credito, perché sono facili al creder. - Alle qual parole rispose Cristo in forma de peregrino: - *O stulti et tardi corde ad credendum in omnibus quæ locuti sunt prophetæ! Nonne oportuit Christum pati et ita intrare in gloriam suam?* - [31]. E qui, se avesse tempo, ti diria tutte le figure, tutte le profezie della Sacra Scrittura esser adimpito in questo mistico corpo di Cristo, Dio e omo; ma per non tediarvi, le pretermetto. Basta che, cominciando a Moisé e tutti li profeti che aveano profetato di lui, interpretò chiaramente e apertamente.

E approssimandosi al castello di Em[m]aus, finse di voler andar piú longi, per darli cagione de accenderli piú. Ma li discepoli, innamorati delle sue dolce parole e della sua santa dottrina, *coegerunt illum*, li feceno una cortese

Predica Settima

forza, dicendo: - *Mane nobiscum, Domine, quoniam advesperascit et inclinata est iam dies* -. [32] Oh anime dilette, io vorrei che ogni giorno tutti voi dicessi col core: *Mane nobiscum, Domine, quoniam advesperascit!* Deh, Signor, non ti partir da noi con la grazia tua, senza la quale non possiamo far se non peccati e iniquità! E però sta' con noi con la tua misericordia, con el tuo lume, *quoniam advesperascit*: perché tu vedi el colmo delle miserie nostre, li imminenti pericoli, le angustie, li affanni del mondo! *Inclinata est iam dies*: el vien la sera, quando non vi è piú sole nell'emisperio nostro. Cosí ancor voi, quando el sole di giustizia, Cristo, si parte da noi, ne vien la notte delle nostre tenebre, della nostra cecità; diventiamo tepidi, ne vien la notte della morte, vedemo lo inferno aperto: e però *mane nobiscum, Domine, quoniam advesperascit!*

E nota: Cristo è in forma di peregrino, l'officio delli quali si è levarsi a bon'ora a principiar il cammino. Cosí fece Cristo per te, ché nel ventre della madre cominciò a operare con la sua ardente carità verso la umana natura. E cosí la anima spirituale comincia a bon'ora a operare bene, a innamorarsi in Cristo, esercitarsi nelle opere virtuose e di carità a Dio e al prossimo; non procrastinando, come fanno i mondani, e aspettano a far bene quando sono alla decrepità e con la morte al capezzale.

El peregrino ancora passarà per Venezia e guardarà li palazzi e li templi e le altre cose belle, ma non vi si fermerà, ma seguirà el suo cammino. Cosí volse far Cristo, che essendo venuto in questo mondo non volse nasser grande di gloria mondana, né ricco di tesori, ma povero e abietto, ché appena aveva il necessario per il suo vitto. Cosí la spiritual creatura, se ben è in ricchezza e in onore e in dignità, non vi mette lo affetto a nessuna cosa creata, ma passa per esse come un rapidissimo fiume e non se ne serve [se non] per il bisogno suo e per dargli [gloria] a Dio come creator di quelle; e non si ferma se non al fin suo, che è Dio.

Predica Settima

Præterea il peregrino, se l'è ingiuriato o battuto, non cerca de far vendetta, perché non è la sua patria e non ha da star lí, ma passa via. Cosí Cristo, che è stato quello che sta piú ingiuriato e piú offeso e piú straziato che alcuno altro che sia stato al mondo; e nientedimeno sempre come un agnello, con tanta mansuetudine, con tanta umilità, con tante dolce parole, con quelle sue vendette a pregar il suo Padre Eterno per li sua inimici e per li crucifissori. Cosí la spiritual creatura, se ben è offeso, non è vendicativo e non sente le ingiurie, se non tanto come vi è offesa di Dio; e per amor di Cristo depone ogni odio e ogni livore che sia dentro al suo cuore. A tutti ha carità e tutti ama Cristo.

E come membri della militante Chiesa, a questo modo imitarsi Cristo peregrino, qual, essendo violentato da quelli dua discepoli che restassi a cena con loro, rimase [33] e si sedettero a mensa. Benedicendo el pane, siccome era suo costume, lo ruppe e g[li]en esporse [34]; e allora furono aperti li occhi loro e lo cognobbeno; e Cristo sparse da loro. Per il che, restando attoniti, cominciarono a dir fra loro: - *Nonne cor nostrum ardens erat in nobis dum loqueretur in via?* - [35.] Oh, non eravamo [36] noi stolti dell'intelletto e tardi con lo affetto nostro a non lo cognoscer, e non dovevimo arder nell'animo nostro delle sue dolce parole? -. E si levorono da mensa e correndo se ne tornorono nella città santa; e andorono a trovar li undeci apostoli, e li narrorono quello che li era incontrato. E il mede[si]mo li undeci dissono, che veramente era Cristo resuscitato e che era apparso a Pietro.

Chi è innamorato in Cristo non si cura di nulla, Venezia mia, purché abbia lui! Vedi questi discepoli, levatosi da mensa, non curando di cena, domenticatosi di se stessi, corseno in Hierusalem. Vedi anche la samaritana, per un poco poco di lume che ebbe un tratto da Cristo, lascia la idria, lascia la fune e corre in Samaria, acciocché tutta la città corra a onorar Cristo, a cognoscer Cristo, a creder in Cristo.

74

Predica Settima

E cosí tutti li undeci insieme dicevano: - *O stulti et tardi corde ad credendum! -*. - Oh, non ero io stolto - disse Pietro - quando dubitai ch'el non fussi Figliol di Dio, e fui per precipitar! - Il medesimo diceva Felippo: - Oh, non era io stolto quando ti domandai: *Domine, ostende nobis patrem, et sufficit nobis* [37]! Non poteva esser io chiaro ch'el Padre Eterno e lui era una medesima cosa? - E Andrea diceva: - Non ero piú stolto io, avendo visto da lui tanti segni e miracoli, e poi dubitar che quelli cinque pani di orzo e dua pesci non potessi far multiplicar per cinque millia e piú persone! - E il medesimo diceano Giovanni e Iacobi, che per mezzo della madre aveano domandato da seder uno dalla destra, l'altro dalla sinestra nel suo regno, credendo e pensando che dovessi regnar temporalmente. E medesimamente e' dua discepoli che nella barchetta si pensorono annegare, quando dissono: *Dominus est* [38]. E poi tutti dicevano: - Oh, non fu stolto Giuda a pensar che fussi maggior la sua iniquità che la misericordia di Dio! Al qual, siccome a Pietro in un solo sguardo li perdonò e lo convertí e lo fece capo della Chiesa, cosí arebbe fatto a lui, se si fussi doluto e contrito del suo peccato. - E cosí ognuno si rammaricava della sua durezza e della sua poca fede e dicevano: - *Nonne cor nostrum ardens erat in nobis?* -.

Non dovevimo noi arder dentro di noi, quando tanto domesticamente avevamo fra noi il Figliol de Dio? Oh, non dovevano arder, quando con tanto amore e tanta carità ci chiamò per sui cari e diletti discepoli? Oh, non dovevamo noi arder, quando ci ammaestrava nelli suo[i] santi precetti, e con tanta dolcezza ci insegnava la via di andar al cielo? E molto piú dovevimo arder nelle sue affocate e dolce prediche, ma supremamente quando lo vedevimo in tante pene, in tanti cruciati e con tanti flagelli e tanti vituperii; e poi sul legno della croce, con tanto sangue sparso, tutto per amor nostro.

Cosí tu, anima diletta, doveresti dire: *Nonne cor nostrum ardens erat in nobis?* Oh, non doveva io arder ieri, quando mi comunicai, vedendo tanto dono, tanto tesoro, come Dio mi ha concesso all'anima mia di darsi se stesso a me in cibo, e darmi cognoscimento e lume da pentirmi de mia peccati innanzi che venga la morte? Ma forsi che qualcuno che si sarà comunicato e già comincierà a intrar nella notte delle miserie de peccato, il che è la terra che se interpone fra noi e Dio, con li affetti vostri e con li sentimenti?

Ma non far tu cosí, Venezia mia, ma mastica e rumina e macina tanti innumerabili beneficii recevuti da Dio! E come vedi che nella antiqua legge li animali che non ruminavano erano immondi, cosí siamo immondi noi, quando andiam a casa come fanno li animali brutti.

E però esercitatevi, vi prego, a ricognoscer, a considerar, a ringraziare Iddio di tanti beneficii e di tanta carità, acciocché siate di qua felici e di là in gloria.

FINISCONO LE PREDICHE
Predicate dal R. Padre Frate Bernardino da Siena dell'ordine de Frati Capuccini, Et agionto-
ui altre Prediche. Et nuouamente corret-
te & ristampate nella inclita Città di Ve-
netia per Bernardino de Viano de
Lexona Vercellese. Anno Domini M.D.XXXXI.
Adi. xvi. Marzo.

Notes to Prediche

Predica Prima

1 For this episode in the life of Diogenes the Cynic (c412/403-c324/321 BC), see *Diogenis Laertii Vitæ Philosophorum* 6 41. See also Farrand Sayre, *Diogenes of Sinope* (Baltimore 1938) 99-100, and Heinrich Niehues-Pröbsting, *Der Kynismus des Diogenes und der Begriff des Zynismus* (Munich 1979) 81-82. (Cp Jeremiah v 1)

2 Matthew vii 16 & 20 (cp Luke vi 44)

3 Galatians v 22

4 Matthew vii 21

5 Luke xviii 11

6 Luke xvii 10

7 This is a reconstruction of what may well have been the intended sense of the passage, which in Viano's printed text is evidently elliptic and reads: '*Ma ehime, che diro di quelli, che li minor pensieri che habbino, e pensare a Dio, & alla carita del prossimo, doue giace la perfettione christiana, alli qli le richezze, li figliuoli, l'amore del secolo, disfrenati desiderii, l'amore proprio, & il proprio volere, & comodo, & la lor Trinita, & il lor Christo, ne in le opere morte solamente consiste a fede viua a guisa del Phariseo, ilqle diceua giustificandosi, non sono come gli altri huomini, ma humili con Giesu, ilqle dice...*'

8 Romans viii 29

Predica Seconda

1 Leviticus xix 18, Mark xii 31

2 See I Timothy iii 4-5

3 Matthew xxv 40

4 Bartolomeo Beverini, *Annales ab origine Lucensis urbis*, 4 (Lucca 1832) 14 203-305. Famine was endemic in Tuscany during the fifteenth and sixteenth centuries: see Augusto Mancini, *Storia di Lucca* (Lucca 1950) 219, and M.E. Bratchel, *Lucca 1430-1494* (Oxford 1995) 256.

5 Matthew ix 13 (I Samuel xv 22)

6 Matthew vii 12 (cp Luke vi 31)

7 Matthew xxiii 23: 'hæc oportuit facere, et illa non omittere'; Luke xi 42: 'hæc autem oportuit facere, et illa non omittere.'

8 John xxi 15-17

9 Mark viii 36-37: 'Quid enim proderit homini, si lucretur mundum totum: et detrimentum animæ suæ faciat? / Aut quid dabit homo commutationis pro anima sua?'

Predica Terza

1 Matthew vii 14

2 Matthew xi 30

Notes

3 Although this question sounds authentically Augustinian, it is not to be found in St Augustine's writings; but there is a passage not dissimilar in the first of his *Sermones De Tempore* (J-P Migne *Patrologia Latina* 38 (Paris 1845) 995-99).

4 Psalm xcii 4

5 Romans i 20: 'Invisibilia enim ipsius, a creatura mundi, per ea quæ facta sunt, intellecta conspiciuntur...'

6 Romans i 21 & 22: 'sed evanuerunt in cogitationibus suis, et obscuratum est insipiens cor eorum: / dicentes enim se esse sapientes, stulti facti sunt.'

7 *Confessiones* 8 8 19: 'Surgunt indocti et cælum rapiunt, et nos cum doctrinis nostris sine corde, ecce ubi volutamur in carne et sanguine?' (Migne *PL* 32 (Paris 1841) 757)

8 Antiphon: 'Sancta et immaculata virginitas, quibus te laudibus referam nescio, quia quem cœli capere non poterant tuo gremio contulisti' (Renato-Joanne Hesbert, *Corpus Antiphonalium Officii*, 4 (Rome 1970) 7569).

9 II Timothy ii 23: 'Stultus autem et sine disciplina quæstiones devita'; Titus iii 9: 'Stultus autem quæstiones, et genealogias, et contentiones, et pugnas legis devita: sunt enim inutiles, et vanæ.'

10 In its given form, this dictum is not found in the writings of St Francis of Assisi (see Giovanni M. Boccali, *Concordantiae Verbales Opusculorum S. Francisci et S.*

Clarae Assisiensium (Assisi 1976)), but derives from I Corinthians xv 28: 'Cum autem subiecta fuerint illi omnia, tunc ipse Filius subiectus erit illi, qui sibi subiecti omnia, ut sit *Deus omnia in omnibus.*'

11 Matthew x 20, Mark xiii 11

12 Romans ii 8-9

13 John xxi 7

14 Job ii 10

15 Romans viii 28: 'Scimus autem quoniam diligentibus Deum omnia cooperantur in bonum...'

16 Psalm xxxiv 1

17 Job xiv 2

18 Not St Augustine's *ipsissima verba*, but echoes passages such as 'Illud fieri potest ut amet quisque scire incognita; ut autem amet incognita, non potest' (*De Trinitate* 10 1).

19 Viano = *le*

20 St Bernardino of Siena (1380-1444) inspired at least three biographies within fifty years of his death. The best known is by Vespasiano da Bisticci (1421-98) in *Vite di uomini illustri del secolo XV* (edd. Paolo D'Ancona & Erhard Aeschlimann (Milan 1951) 135-141); but this drew on the *Vita* by the Augustinian Maffeo Vegio (1407-58), and possibly on another by a contemporary Friar Minor, later published as ' Vie inédite de

Notes

S. Bernardine de Sienne' in *Analecta Bollandiana* 25 304-338. The anecdote recorded here, however, probably derived from oral tradition current among Sienese Franciscans in Ochino's day: vide infra note 19 to *Predica Sesta*. (For a modern account of the saint's life and times, see Iris Origo, *The World of San Bernardino* (London 1963))

Predica Quarta

1 I John ii 15

2 Romans i 20

3 Psalm xcii 4

4 Alessandro de' Medici (1510-37), natural son of Lorenzo, Duke of Urbino, was created Duke of Florence by the Emperor Charles V, and ruled tyrannically until he was murdered by an assassin (called Scoroncolo) hired by his cousin, Lorenzino de' Medici (1514-47), at Epiphany of the year before this sermon was preached. Alessandro's young widow, Margaret of Austria, was Ochino's patroness.

5 Popes Clement VII (1523-34), Leo X (1513-21) and Hadrian VI (1522-23).

6 John xv 18

7 Viano = *risposi*

8 Viano = *esso*

9 *Sancti Gregorii Magni XL Homiliarum in*

Evangelia libri duo: Homilia 37 1 (on Luke xiv 25-33): Migne *PL* 76 (Paris 1849) 1275.

10 Viano = *altra*

11 Democritus of Abdera in Thrace was born between 460 & 457 BC and lived to a great age. He was known to posterity as 'the laughing philosopher' because he believed that a goal worth pursuing was 'cheerfulness' ($\varepsilon \dot{v} \theta \bar{v} \mu \acute{\iota} \alpha$)·

12 Viano = *altro*

13 See Luke xvi 19-31

14 Romans i 21

15 See I Kings x 1-13, II Chronicles ix 1-12 (but Ochino's 'duoi ebrei' are apocryphal).

16 St Gregory, loc. cit.: 'Terrena namque substantia supernæ felicitati comparata pondus est, non subsidium.'

17 Ecclesiastes i 2, xii 8

18 Jeremiah x 15: 'Vana sunt, et opus risu dignum.'

19 Matthew xii 42, Luke xi 31

Predica Quinta

1 Psalm xiii 6: 'Ego autem in misericordia tua speravi.' (Cp Psalms lii 8 & lxix 13)

2 Luke xiv 26

Notes

3 Psalm lxvii 6-7

4 Luke ii 10-11

5 John xx 17

6 Isaiah liii 4: 'Vere languores nostros ipse tulit, et dolores nostros ipse portavit.'

7 Isaiah liii 5: 'et livore eius sanati sumus.'

8 Isaiah ix 6: 'et factus est principatus super humerum eius.'

9 I Peter ii 22 (cp Isaiah liii 9)

10 John xviii 4

11 Matthew xii 24, Mark iii 22, Luke xi 15

12 Matthew xi 19, Luke vii 34

13 John vii 15: 'Quomodo hic litteras scit, cum non didicerit?' (cp Matthew xiii 54)

14 Matthew xxvi 65, Mark xiv 64 (cp Luke xxii 71)

15 John vii 12

16 John ix 16

17 John ix 24

18 See Luke xxiii 2: 'Hunc invenimus subvertentem gentem nostram.'

19 John vii 20 & viii 48

20 John xviii 8

21 John xviii 6

22 Matthew xxi 44: 'Et qui ceciderit super lapidem istum, confringetur.'

23 II Corinthians xii 9

24 II Timothy i 12: 'Scio cui credidi et certus sum quia potens est depositum meum servare.'

25 John xx 28

26 Proverbs iii 12: 'Quem enim diligit Dominus, corripit' (Revelation iii 19: 'Ego quos amo, arguo, et castigo'; Hebrews xii 6: 'Quem enim diligit Dominus, castigat').

27 See John ii 1-11

28 Luke xv 10: 'Ita dico vobis, gaudium erit coram angelis Dei super uno peccatore pœnitentiam agente.'

Predica Sesta

1 Romans viii 35

2 Luke xv 8-9

3 This Aristotelian epistemological maxim (cp *De Anima* 3 7) became a commonplace in Latin Christendom, and is found as early as Paulinus of Aquileia (died 802 AD): see Migne *PL* 99 (Paris 1851) 278 63 D.

4 *Venerabilis Bedæ Sententiæ, sive Axio-*

Notes

mata Philosophica ex Aristotele et aliis præstantibus collecta: 'Unde veritatem non habet de intellectu nostro possibili, qui intelligando dependet a phantasmatibus, siquidem *oportet intelligentem phantasmata speculari*, ut dicitur in III de Anima, tex. com. 39.' Migne *PL* 90 (Paris 1850) 1006 C-D.

5 Ibidem 1003 A: 'Sciendum quod intellectus capitur dupliciter: uno modo, secundum se et absolute, et sic est ens in pura potentia, et habet se *tanquam tabula rasa*, in quo nihil est depictum.'

6 Genesis iii 6

7 No recorded utterance of Christ matches this saying, which may have been based on Matthew xvii 20, Mark iv 31-32 and Luke xiii 19.

8 No source has been found for this Latin tag, which does not appear in Migne's *PL*.

9 St Macarius of Alexandria, fourth century Egyptian hermit; St Hilarion, c291-371, founder of the anchoritic life in Palestine; St Jerome (Eusebius Hieronymus), c342-420, hermit in Bethlehem and Vulgate translator.

10 See J.N.D. Kelly, *Jerome, His Life, Writings, and Controversies* (London 1975).

11 *Iohannis Cassiani de Institutis Cœnobiorum et de Octo Principalium Vitiorum Remediis Libri XII,* 5 32 (in Michael Petschenig's edition (Vienna 1888) 105-106). Ochino's narrative deviates somewhat from that of Cassian, who makes the old hermit visit not Rome but Pontus, after not thirty years but fifteen. See Owen Chadwick, *John Cassian*, second edition (London 1968).

12 Viano = *fermianci* (also on pp 65 & 71)

13 Not Christ in the Gospels, but Paul in Galatians v 9.

14 Not located in the Platonic corpus in this form, but Ochino probably had in mind the familiar passage in *Laws* 10 892d-893a about crossing a river in flood.

15 Viano = *modo*

16 Ecclesiasticus vii 40: 'In omnibus operibus tuis memorare novissima tua et in æternum non peccabis.'

17 Genesis iii 9

18 Viano = *premesse*

19 Vide supra note 20 to *Predica Terza*; but because this anecdote is introduced by the words 'si legge' it would appear to have had some written source.

20 Genesis iii 5

21 Genesis iii 4

22 Psalm xvi 8

23 Ochino is said to have died in the house of a Venetian, Niccolò Paruta, who had joined a colony of Hutterite Anabaptists in the Moravian village of Schlickau (Austerlitz).

Notes

24 John xx 19-20

Predica Settima

1 Luke xxiv 30-31

2 Luke ii 51

3 Luke xxiv 14

4 Viano = *habbiano*

5 John xv 18

6 John iii 19: 'erant enim eorum mala opera'

7 Mark x 33-34

8 John viii 59

9 Acts iii 25

10 Psalm cxxxii 11

11 Micah v 2 (cp Matthew ii 6)

12 Luke i 39

13 Luke i 68

14 Luke ii 14

15 Matthew xvi 16

16 Matthew xv 22

17 Matthew viii 8

18 John iv 29

19 Matthew iii 17, Mark i 11, Luke iii 21

20 John i 49: 'Rabbi, tu es Filius Dei,' etc.

21 John xi 50

22 Matthew xxvii 24

23 Matthew xxvii 19

24 Viano = *chel traditor de Giuda*

25 Matthew xxvii 4

26 Luke xxiii 42

27 Luke xxiv 15

28 Luke xxiv 17

29 Luke xxiv 18

30 Viano = *vostre*

31 Luke xxiv 25-26

32 Luke xxiv 29

33 Viano = *romase*

34 Viano = *genesporse*

35 Luke xxiv 32

36 Viano = *erano*

37 John xiv 8

38 John xxi 7

82

Select Bibliography

BAINTON, Roland H: *Bernardino Ochino, esule e riformatore senese del Cinquecento, 1487-1563* (Florence 1940) xiv + 216

BELLADONNA, Rita: 'Alcune osservazioni intorno al sunto di una predica sconosciuta di Bernardino Ochino' in *Critica Storica* 14.1 (1977) 149-54

'Bernardino Ochino's Fourth Dialogue (*Dialogo del Ladrone in croce*) and Ubertino da Casale's *Arbor Vitæ*: Adaptation and Ambiguity' in *Bibliothèque d'Humanisme et Renaissance* 47.1 (1985) 125-45

BENRATH, Karl: *Bernardino Ochino von Siena, ein Beitrag zur Geschichte der Reformation*, second edition (Brunswick 1892) xii + 323

BERTRAND-BARRAUD, Daniel: *Les idées philosophiques de Bernardin Ochin, de Sienne* (Paris 1924) xi + 136

CAMPI, Emidio: *Michelangelo e Vittoria Colonna: un dialogo artistico-teologico ispirato da Bernardino Ochino, e altri saggi di storia della Riforma* (Turin 1994) 207

FRAGNITO, Gigliola: 'Gli "Spirituali" e la fuga di Bernardino Ochino' in *Rivista Storica Italiana* 84 (1972) 777-813

McNAIR, Philip M J, and TEDESCHI, John A: 'New Light on Ochino' in *Bibliothèque d'Humanisme et Renaissance* 35 (1973) 289-301

McNAIR, Philip M J: 'Ochino's Apology: Three Gods or Three Wives?' in *History* 50 (1975) 353-73

NEGRI, Paolo: 'Note e documenti per la storia della Riforma in Italia, II - Bernardino Ochino' in *Atti della R. Accademia delle Scienze di Torino* 47 (1912) 57-81

NICOLINI, Benedetto: *Il pensiero di Bernardino Ochino* (Naples 1939) 113

ROZZO, Ugo: *I "Dialoghi Sette" e altri scritti del tempo della fuga* (Turin 1985) 188

SOLMI, Edmondo: 'La fuga di Bernardino Ochino secondo i documenti dell'Archivio Gonzaga di Mantova' in *Bullettino Senese di Storia Patria* 15 (1908) 23-98

Index

To the text of Ochino's *Sette Prediche*

Index

To the text of Ochino's *Sette Prediche*